企业员工行为准则自学丛书

失败员工的基本特征

朱国锋◎编著

浙江工商大学出版社
ZHEJIANG GONGSHANG UNIVERSITY PRESS

图书在版编目（CIP）数据

失败员工的基本特征 / 朱国锋编著 . — 杭州：浙江工商
大学出版社，2018.5
　　ISBN 978-7-5178-2578-4

　　Ⅰ . ①失… Ⅱ . ①朱… Ⅲ . ①企业－职工－修养
Ⅳ.①F272.92

　　中国版本图书馆 CIP 数据核字（2018）第 013221 号

失败员工的基本特征

朱国锋　编著

责任编辑	谭娟娟
封面设计	林朦朦
责任印刷	包建辉

出版发行　浙江工商大学出版社
　　　　　　（杭州市教工路198号　邮政编码310012）
　　　　　　（E-mail:zjgsupress@163.com）
　　　　　　（网址：http://www.zjgsupress.com）
　　　　　　电话：0571-88904980　88831806（传真）

排　　版	杭州海航图书有限公司
印　　刷	杭州杭新印务有限公司
开　　本	787mm×1092mm　1/32
印　　张	7.125
字　　数	115千
版 印 次	2018年5月第1版　2018年5月第1次印刷
书　　号	ISBN 978-7-5178-2578-4
定　　价	30.00元

前　言

　　近几年，我国的经济形势总体上不是很乐观，直接的影响就是企业不好办，老板不好当，大家找工作也不容易。这些年，我为很多企业做过咨询服务工作，结识了不少老板，说实话，当老板特别是民营企业的老板真的太不容易了。办企业得赚钱，在通货膨胀比较严重的今天，要能赢得市场获取较好利润谈何容易。没有老板的呕心沥血，没有员工的全心投入，企业连生存都成问题。办好一个企业，需要老板和员工的齐心协力，更需要一批优秀员工的尽心尽职。

　　一个优秀员工到底需要哪些基本素养？如何培养？反过来说，哪些特征的员工不受老板欢迎？这些既是老板们关注的，也是员工应该了解的。

　　静心观察我们身边的企业员工，有的每天早出晚归，忙忙碌碌，却不愿尽职尽责；有的每天按时打卡，准时出现在办公室，却没有及时完成工作。对他们而言，工作只是一种应付性任务：上班要应付，加班要应付，领导分派的工作要应付，按常规制度开展的工作检查更要应付。这样的工作态度下，企业的利润从哪里产生？这样的员工怎么会受到企业老板的欢迎？

同时，笔者也发现，一起到同一个企业工作的人，同样的起点，一段时间后他们之间却产生了巨大的差距。有的成为核心员工，受到老板的赏识；而有的却总是碌碌无为，工作一直不见起色。

为企业开设"怎么样做一个好员工"讲座，看上去好像是一种说教，但笔者现在越来越觉得，一定的说教还是必需的。应该告诉员工，企业需要什么样的员工，尤其是对于步入职场时间不长而自以为天下负我的年轻员工。

有了这个想法后，笔者把平时看到并摘录下来的一些相关资料，加上长期为企业服务的心得，归纳整理成三本书稿——《优秀员工的基本素养》《失败员工的基本特征》和《忠诚员工的培育方法》，每本书各设十个章节进行介绍。书中很多说法来自他人智慧和经验的启发，在此，向这些知识原创者表示衷心的感谢。

本书是站在企业老板的角度讨论失败员工可能存在的一些特征，作为员工，自然要了解老板希望员工具备的素养。我想，人总是希望得到尊重和器重的，书中写的理念和思路，说不定会给你一些启发，帮助你成为优秀员工。

目　录

不敬业——工作是为了糊口

　　不论你的老板有多吝啬多苛刻，你都不能以此为由放弃努力。因为，我们不仅是为了目前的薪水而工作，我们还要为将来的薪水而工作，为自己的未来而工作。

工作只是为了挣钱

一个人通过心和身付出劳动，社会承认其价值，给予合法的报酬，这就是薪水。薪水是报偿方式的一种。通过工作挣钱，是人的劳动的直接体现。但在有些人眼里，薪水是自己身价的标志，绝不能低于别人。于是，一些刚出校门或者初入职场的人就幻想能成为年薪几十万元的总经理；刚刚创业，就期望自己能像马云一样富甲一方；或者他们只知道向老板索取高额薪水，却不知自己能做什么，更不屑从小事情做起，脚踏实地地前进。这种单纯为了薪水而工作的行为是不明智的，往往使人被短期利益蒙蔽了心智，看不清未来的发展道路。

如果工作只是为了薪水，会让人缺乏更高的目标和更强劲的动力，也会让有这些想法的人在职场上出现相应的不良行为和不好的结局。

【小故事】

高宁的加薪期望

在一家小型科技公司里，有一个叫高宁的高级职员深得总经理的器重，但他总觉得自己的薪水不够高。因为，他认为，工作就是为了挣钱。出这么多力，却得到和别人差不多的薪水，他心里很不平衡。为此，高宁感到非常苦恼，他好几次想向总经理提出加薪的要求，却又不好意思开口。久而久之，高宁再也不能像以前那样安心地工作了，一天到晚总是不停地抱怨。渐渐地，总经理不再像原来那样器重他了，最后总经理辞退了他。

高宁的经历给我们一个启示：薪水仅仅是工作的报偿方式之一，如果仅仅只是为薪水而工作，不是明智的人生选择，最终只会局限自我的发展，毁了大好前程。

薪水当然是工作目的之一，但它不是工作的全部意义所在。若能以一种积极的心态、长远的眼光看待工作，那么，你从中得到的就不仅仅是薪水了。

若一个员工把工作定位在只为挣钱，下面三种情况就是常见的表现方式。

1. 对工作敷衍了事

这类员工总认为老板付给自己的薪水太少，因此就对工作敷衍了事。他们工作时缺乏热忱，以应付的态度对待一切，能偷懒就偷懒，能逃避就逃避，以此来表示对老板的抱怨。他们工作往往只是为了得到这份薪水，而从来没想过这样的态度与自己的前途有什么联系，老板会有什么样的想法。

2. 到处兼职

身兼两职、三职，甚至数职，多种角色不停地转换，长期处于疲劳状态，工作不出色，能力也无法提高，最终谋生的路越来越窄。

3. 时刻准备跳槽

总是觉得现在的工作薪水少，时刻准备跳到薪水更好的单位。但事实上，很大一部分人没有越跳越高，反而因为频繁地换工作，公司因怕泄露机密等原因，不敢对他们委以重任。由于他们过于热衷"跳槽"，对工作三心二意，也很难得到老板的信任。那些不满于薪水而频繁跳槽的人，不仅对老板是一种损害，长此以往，也影响自己才能的发挥。因此，对待薪水的态度是，懂得薪水固然体现为金钱，但这其实是工作收获的一部分。除金钱报酬之外，工作中积累的宝贵经验、受到的良好的训练、才能的表现和品格的建立，这些东西与金钱相比，其价值无法具体计量，这是工作给予的无形报酬。

从一种积极的学习态度来看，把工作看成一种经验的积累，那么每一项工作都能包含许多个人成长的机会。不要太多考虑薪水的多少，而应重视工作本身给自己创造的价值。要知道，只有自己才能赐予自己终身受益无穷的黄金，而老板给予的永远都是可数的金钱。我们要相信大多数老板都是明智的，都希望能吸引更多富有才华的员工，并且会根据每个人的努力程度和能力来为其晋升、加薪。那些工作中能尽心尽职、坚持不懈的人终会有获得晋升的那一天，薪水自然就会随之提高。不要担心自己的努力被老板忽视，其实老板时时都在观察员工。当一个人全心全意工作时，相信老板同样也会注意到。

因此，每个人在想怎样多赚一些钱之前，应先考虑怎样才能把工作做得更好，这样一来就根本不需要为钱而担忧了。不要想方设法去说服老板，让老板接受加薪的理由；而是要好好地奉献自己的时间和精力，在工作中竭尽所能。这样，薪水自然会提高。如果一个人总是为自己到底能拿多少薪水而大伤脑筋的话，又怎能看到工资背后可能获得的成长机会呢？又怎能意识到从工作中获得的技能和经验，对自己的未来将会产生多么大的影响呢？所以，一个人若只是专注薪水而工作，把工作当成解决面包问题的一种手段，而缺乏更高的目标，最终受损的可能就是自己。

闻过则改的建议：

　　1. 要有一个清醒的认识，有些东西比薪水更重要

　　如果你把工作看作一个学习的过程，那么，任何一项工作中都包含了许多令人成长的机会。

　　2. 不问收获，只管耕耘

　　不必担心自己的努力会被忽视，当你全心全意工作时，你的老板一定不会视而不见。好好地付出自己的时间和精力，在任何工作中都竭尽所能，你的薪水自然就会提高。

不把工作当大事

　　在工作中，有些人将目光投在能够满足虚荣心或是能够出人头地的大事情上面，认为工作中的许多具体事情是不值得做的小事情，没有必要把自己的具体工作当成大事。其实，在日常工作中，更多的都是一些具体的小事，不去努力做好每一件小事，这往往是一些员工失败的主要原因。

　　对每个人来说，工作应该是义不容辞的责任，是大事，而不是负担。我们每个人除了要认真对待工作

之外，还要注重细节。把工作做到完美，以最高的认同感和满意度来要求自己，这就要注重细节，注重工作中的小事情。把小事当回事去做，体现了一个人对工作的认真态度。尽职尽责地完成工作，重视工作中的小事与细节，这不仅是工作的原则，也是人生的原则。一件简单的小事情，所反映出来的是一个人的责任心。做好工作中的小事，才能承担工作中的大事。工作不是被迫去做苦役，如果在工作中投入了热情，你就会发现，其中蕴含着极大的乐趣。而假如把工作当成苦役，就不会自己主动找事做，只能别人叫你做什么就被动地做什么，投入不了热情，就必然无法把事情做好。而考虑到细节、注重小节，把工作当作乐事去做的人，才能将小事做细致。这样，不仅能学习到知识，而且必将在做小事中发现机会，最终走上成功之路。

【小故事】

两种工作态度

刘庭坤和孙嘉恩是国明建筑公司里学历最高的两个人，他们原以为在公司里会受到重用，获得重要岗位，从而一展抱负。可是安排下来的工作却让他们大失所望，他们就像杂务工。于是，他们便开始私下抱怨公司对自己大材小用。但不同的是，刘庭坤从一开始就厌倦了这份工作，觉得工作太不体面，羞于对亲朋好友说起，并且常常打电话咨询和留意招聘信息，随时准备跳槽。他还把工作扔到一边，常常缺勤。孙嘉恩虽然没得到公司的重用，心里不痛快，但他没有轻视现在的工作，而是把它作为锻炼自己的机会，相信总有一天会获得公司的认可。他还深入了解公司的情况，拓展自己的业务知识，熟悉工作内容。半年后，公司进行了人事调整，孙嘉恩被任命为部门经理，结束了单调而乏味的工作，而刘庭坤被辞退，至今还没找到其他工作。

闻过则改的建议：

1. 把工作视为自己的第二生命

一个人的一生中，有三四十年的时间是在工作中度过的，工作就像伴侣一样陪伴人一生中近一半的时间，它是生命的一部分。当一个人这样认识自己工作的时候，就绝不会轻视它，会像热爱生命一样热爱它。

2. 在工作中寻找快乐，从工作中获得快乐

成功的秘诀并不在于专挑自己喜欢的事做，而在于发自内心地喜欢自己所从事的工作。当你真心

想快乐地工作时，就不会有痛苦来找你了。寻找到工作的乐趣以后，任何人都不会看不起自己的工作。

3.把工作当作事业

当你把工作当作一项神圣的事业，而不仅仅把它当作一项养家糊口的差事，你将会非常重视自己的工作，并投入巨大的热情，努力去做。

把工作当作苦役

工作是人生中不可或缺的一部分，如果从工作中只得到厌倦、紧张与失望，人的一生将会非常痛苦。令自己厌倦的工作即使带来了名与利，也不能带给我们多大的快乐。

工作带给一个人的快乐，不是薪水，也不是事业上的成就，而应当是工作的过程。工作不只是为了生存，而是要给个人的生活赋予意义，给自己的生命赋予光彩。

米尔顿说过："一切皆由心生，天堂与地狱只不过在一念之间。"

态度决定人生，一个人把工作当成乐趣，才会享受到工作的美好；而把工作当成苦役，只会倍感痛苦。

一个人对工作没有热情，表现得很消极，就不可能在工作上取得任何成就；如果认为自己的能力差，条件不足，会失败，是二流员工，那么这些自甘平庸的工作态度便会使一个人的工作也流于平庸。

相反，如果一个人认为自己很重要，找到工作的方向和乐趣，把自己的工作看得十分重要，那么很快就会迈上成功之路。一个热爱工作、总能在工作中寻找到乐趣的人，能接收到一种心理信号，告知他如何把工作做好。努力把一份工作做得更好，意味着更多的升迁机会，更多的报酬收获，更多的经验积累及更多的快乐。

【小故事】

杨胜周不甘现在工作

杨胜周自从毕业之后便在一家大型机械工厂当车工，他的工作就是日复一日地做螺丝钉。看着那一大堆等待他去做的螺丝钉，杨胜周满腹牢骚，整天无精打采，感觉自己在忍受着煎熬。虽然他对自己的工作充满了抱怨，也想重新寻找一份工作，但是他到几家公司去面试过，都没被录取。这样一来，他便只能在这家工厂继续待着。日子一天天地过着，过了一段时间，企业因为经济效益不好，决定裁员，杨胜周的名字被列在了裁员的名单中。

现实生活中的人有哪些离得开工作呢？我们大部分时间都需要在工作中度过。享受工作，把工作当作自己的节日，乐在其中，那么工作必定会给我们带来欢乐。相反，如果一个人在工作中感受不到快乐，那么他的人生真的就会失去很多。快乐是人生的最大追求，快乐的人必定善良，善良的人心灵才会纯净，才会感受到花的微笑和风的叹息；快乐的人必定清心寡欲，懂得精神需求比物质需求更为重要。只要做到了这些，快乐的天使便会降临到生活中。

闻过则改的建议：

1. 在工作中抢先一步

彻底改掉总跟在别人后面、做事总比别人慢一拍的坏习惯，在工作中先行一步。反应敏捷、做事勤快、行动力强，就是热情工作的最直接体现。

2. 积极主动地工作

工作时别慢吞吞的，那会给人消极怠工的印象。把热情投入工作中，你会发现许多以前没有注意到的问题。主动想办法解决这些问题，不但会从中学到很多知识，还会给上司和同事留下果断和办事利落的好印象。

3.走路时挺胸阔步，提高脚步的频率

慢腾腾地走路给人的感觉就是缺乏自信，没有激情，这种消极的表现不但会影响同事的情绪，还会让老板怀疑你的工作积极性，这种状态怎能干好工作呢？昂首阔步地走路，提高自己脚步的频率，鼓励自己把全部热情倾注于工作中，这样工作起来才会意气风发。

拒绝做任何分外之事

有的员工之所以优秀，不仅是他能够很成功地完成本职工作，更重要的是他还会做很多分外的事情。把自己分内的事情做好，只能算是尽职尽责。不仅做好本职工作，还帮别人做好工作才称得上优秀。积极主动地去帮助别人成功，不仅可以使自己快速进步，而且能赢得同事和老板的尊重与重视。而太过计较个人的得失，不愿多付出一点点，最终失去的是自我发展的机遇。

【小故事】

微软公司高层联名挽留的人才

一提起微软，人们脑海里出现最多的是那些西装革履、意气风发的软件高手。但实际上，在微软的创业初期，有一个人让比尔·盖茨和整个微软都永远难以忘记。

她就是露宝——微软公司的一位秘书。

那时候的微软都是年轻人，做软件、搞开发都是能手，但内务却一团糟。微软的第一任秘书是个年轻的女大学生，除了自己分内的事，对任何事情都是一副不闻不问的冷漠态度。这时露宝上任了，那时她42岁，是4个孩子的母亲，并一度没有工作，在家中做着家庭主妇，与她竞争的都是年轻漂亮的女大学生。

但事实证明，露宝的确是最棒的。进公司不久，她就发现盖茨常在办公室睡觉，她心疼地劝解他。后来盖茨告诉了她软件工作者的特殊习惯，露宝尽自己所能给予理解，从此每当她返回办公室，看见盖茨睡在地板上，她就像母亲呵护儿子一样，给他盖好衣服，悄悄掩上门。露宝还关心盖茨的起居饮食，这些都使盖茨感受到了一种母性的关怀与温暖，减轻了远离家而带来的种种不适。

露宝在工作上也是一把好手。盖茨是谈判的高手，不过第一次会见客户时，也会使人产生怀疑。这时露宝总会事先告诉人家："请您留意，他是一个年纪看上去十六七岁，长一头金发、戴眼镜的男孩子，如果见到的是这样的形象，准没错，自古英雄出少年嘛。"露宝的话成功化解了对方的疑虑。

盖茨经常到外地出差。为了使工作尽可能的满负荷，他经常是在最后时刻才驾车飞奔机场，然后将车放在停车场，让露宝去取回。而每次他都会因超车、闯红灯等情况收到不少法庭的传票。因此为了盖茨的安全，以后逢盖茨出差，露宝都会亲自督促。

露宝把微软看成一个大家庭，她一直自觉以一个成熟女性特有的缜密与周到，考虑着自己应该在"娃娃公司"负起的责任与义务。她真心关爱每一位员工，对工作抱有很深的感情。很自然，她成了微软的后勤总管，负责发放工资、记账、接订单、采购、打印文件等工作，远远超出了一位总裁秘书的职能。盖茨和其他员工对露宝都有很强的依赖心理。当微软决定迁往西雅图而露宝因为家庭不能随迁时，盖茨对她依依不舍、留恋不已。盖茨和公司高层联名写了一封挽留信，信中对露宝的工作能力给予了很高的评价。临别时盖茨仍握住露宝的手动情地说："微软留着空位置，随时欢迎你！"

其实，人生没有"分内分外"之分，只盯着"分内"，把自己局限在某一领域，无异于画地为牢；多接触、多学习、多进步才是对生命负责、对工作负责。比如一个项目主管，在其职能岗位上需要会多种基本技能，没有人天生就会干这些，都是在不分"分内分外"的实践中锻炼出来的。责任有多大，能力就该有多大，而能力的提高就是不断实践的结果。领导之所以是领导，与其说他们能力有多强，还不如说他们责任心有多强，他们都有一颗负责任、敢担当的心，看到不合理的不正当的行为勇于去改变，而不管这事是不是自己"分内之事"。露宝的成功就在于她认为这些事情都是她应该关注的事情，并且要把这些事情都做好。

但大家在实际的工作场景中，还是经常可以看到下面这样的情形。

【小故事】

不做分外事

方国依在一家公司做策划文案。有一天下班的时候，公司有十分紧急的事，要发通告信给所有的营业处，所以需要抽调一些员工协助。当部门主管安排方国依去帮忙套信封时，他不高兴地说："现在下班了，又是我分外的事，我不做。这是我的自由时间，又不给加班费。"

听了这话，主管气坏了，但他没有说什么，而是把这件事报告了老板。第二天，老板找了个借口便将方国依辞退了。

大家头脑里之所以存在"分内分外"之事，是因为人的惰性。有些人习惯了做常做之事，以为这是自己的分内事，而不愿意尝试创新，于是逐渐麻木，丧失了对新事物的好奇心，到最后只能做自己习惯做的那一点事情，因此，人生的路也就越来越窄。

闻过则改的建议：

案例也给我们启示，多做一点分外的事情对我们非但没有坏处，相反很可能还会帮我们取得更大的成功。每个职场人要在日常工作中慢慢树立这样的观念，下面两点供大家参考。

1. 遇事不要斤斤计较

工作中要具有主人翁精神。虽然每个人都有自己的职责范围，但有些事情无法分清彼此。哪怕是真的多干了一些额外的工作，你也一定不吃亏，它会使你获得良好的声誉。这对你来说，是一笔巨大的财富，在你的职业发展道路上，可能会起到关键的作用。

2.用积极的心态对待分外的工作

多做一些分外的工作，就会多一些学习和锻炼的机会，多掌握一种技能，多熟悉一项业务，对自己工作经验的积累及能力的提高总是有好处的。它会使一个人尽快从工作中成长起来。当一个人能以这样的心态去思考，并且认真去做，迟早会出类拔萃的。

穷应付——做事没有兴趣

　　自信的人永远不甘心失败，对未来总是抱有信心，这就是生命奇迹的起点。失败了、落后了，不后悔、不甘心，同时还要有超越和必胜的信心，这正是人生命中的闪光点。

颓废消沉不上进

先来看看阿里巴巴集团董事局主席马云是怎样评说不思上进的人：你生来就不是豪门，没有王子公主的命，就别得只有王子公主才能得的病，人家有时间、金钱去仰望天空，去抑郁彷徨，你没有，你必须奋斗，你生来就背负着家庭、生活的重担！别把时间都浪费在埋怨、牢骚上，没有人对不起你；别把自己看得跟故事里的男女主角似的，人家天生漂亮、天性善良，你呢，你能够给自己的优势就是能力，然而，如果你一味的颓废，就连这最后的机会都会丧失，成为一无是处的废物！

不论你是笼罩在失望阴影下的大学生，还是很不顺心的工作者，你都得找到自己的信心，然后去努力。否则，就认命吧，一辈子浑浑噩噩，无所作为，别怪别人鄙视你，瞧不起你，因为你活该！所以，从今天起要么努力追逐梦想，要么就做别人脚底的泥巴，云泥之别，不过如此，千万别堕落，因为，你没资格！你需要看清，你的失败究竟是因为没有伯乐还是你自己没能力！

爱自己的最好方式就是努力奋斗，让自己优秀起来，别郁闷没有知己、找不到真爱，因为如果连你自己都不爱自己，还妄想别人爱你吗？试问，你有什么值得爱，你配吗？

往往一个人在乎的不是金钱，而是一颗奋斗的心！当自己懒时，不妨也这样"骂骂"自己！

上面马云讲的虽然言辞、语句犀利沉重了些，但确实值得大家深思，这个社会说公平也公平，看重人的贡献和能力；说不公平也不公平，这是一个拼爹的时代，那谁让你没有可以拼的爹呢？这样看来，务实、专注、全力以赴才是当下大多数人生存的法宝！

【小故事】

杰克的激情奇迹

"当我退伍后，我加入了职业球队，但不久，遭到了有生以来最大的打击，因为我被开除了。我的动作无力，因此球队的经理执意要我走人。他对我说：'你这样慢吞吞的，哪像是在战场混了 20 多年。杰克，离开这里之后，不管你到哪里做任何事，若不提起精神来，你将永远不会有出路。'本来我的月薪是 175 美元，离开之后，我加入了亚特兰大球队，月薪减为 25 美元，薪水这么少，我做事当然没有激情，但我决心努力试一试。待了大约10天之后，一位名叫丁尼·密亭的老队员把我带到罗杰斯曼顿镇去。在罗杰斯曼顿镇的第一天，我的一生有了一个重大的转变。我想成为德克萨斯最具激情的球员，并且我做到了。

"我一上场，就似全身带电一般。我强力地击出高球，使接球手的双手都麻痹了。记得有一次，我以强势的气魄冲入三垒，那位三垒手吓呆了，球漏接了，我就盗垒成功了。当时气温高达100华氏度，我在球场上奔来跑去，极有可能因中暑而倒下去。"

"这种激情所带来的结果让我吃惊，我的球技出乎意料得好。同时，因为我的激情，其他的队员也都兴奋起来。另外，我没有中暑，在比赛中和比赛后，我感到自己从来没有如此健康过。第二天早晨我读报的时候异常高兴。《德克萨斯时报》说：'那位新加入的球员，无异是一个霹雳球手，全队的其他人受到他的影响，都充满了活力，他们不但赢了，而且成为本赛季最出色的一支球队。'因为对工作和事业的激情，我的月薪由25美元增加到185美元，多了约6.5倍。在后来的两年里，我一直担任三垒手，薪水加到当初的30倍之多。为什么呢？就是由于一股激情，没有别的原因。"

充满激情是做任何事的必要前提。任何员工，只要具备了这个前提，都能获得成功。上面这个案例中的棒球运动员杰克就是凭借着激情，创造了一个奇迹。

闻过则改的建议：

1. 激情就犹如生命

凭借激情，不仅可以释放出潜伏的巨大能量，还可以发展出一种坚强的个性；凭借激情，可以把枯燥乏味的工作变得生动有趣，使自己充满活力，培养自己对事业的狂热追求；凭借激情，可以感染附近的同事，并获得他们的理解和支持，拥有良好的人际关系；凭借激情，更可以获得老板的赏识和重用，赢得宝贵的成长和发展机会。

2. 激情可以谱写历史，普通员工对工作的激情则可以改变自己的人生

著名人寿保险推销员贝特格就是凭借着自己对工作的高度激情，创造了一个又一个奇迹。

3. 一个没有激情的员工不可能始终如一高质量地完成自己的工作，更不可能做出创造性的业绩

假如你失去了激情，那么你很难在职场中立足和成长，也不太可能拥有成功的事业与充实的人生。

> 　　因此，从现在开始，对你的工作倾注全部的热情吧！拿出 100% 的激情来对待 1% 的事情，而不要去计较它是多么的"微不足道"，你就会发现，原来只为糊口的平凡工作竟是如此的充实、美好。

工作有始无终

　　许多人之所以无法取得成功，不是因为他们能力不够、热情不足，而是缺乏一种坚韧不拔的精神，做事时只有一个很好的开头，却没有一个令人满意的结尾，给人留下一种有始无终、只重开头不管结尾的印象。他们工作时常常虎头蛇尾、有始无终，做事东拼西凑、草草了事，他们对目标容易产生怀疑，行动也始终处于犹豫不决之中，比如，他们看准了一项工作，刚开始时充满了热情去做，常常在做到一半时又会觉得另一份工作更有前途。他们时而信心百倍，时而低落沮丧。可以说，这种人也许能在短时间内取得一些成就，但是，从长远来看，最终有可能会是一个失败者。

　　有些人的工作，如果没有督促就不会有积极的反馈，包含大量"大约""可能"等词语的含糊不清的总结。许多人之所以无法取得成功，在于缺乏一种坚持不懈的精神。在这个世界上，没有一个遇事迟疑不决、优柔寡断的人能够真正地成功。开始做一件事情，需要的是决心和热忱；而完成一件事情，需要的却是恒心和毅力。缺少决心和热忱，事情无法启动，只有决心和热忱而无恒心与毅力，工作不能完成。许多事情，不是我们无法去做，而是我们不愿意去做，多付出一份心力和时间，就会发现自己其实有许多潜在的力量。做事善始善终，个人不会失业，企业不会被淘汰。

【小故事】

周幸的销售挫折

周幸大学毕业后应聘进入一个单位，踌躇满志，自以为各方面能力也不错，准备轰轰烈烈地开始他的工作，为公司推销日常用品。

有一天，周幸走进一家商店，向店主介绍和展示他们公司的产品。没想到那位店主却态度生硬，不客气地把他赶出了店门。他心里十分窝火，生气地走开了，去寻找下一个推销对象。

周幸遭到了几次拒绝后，感到推销工作太难，就偃旗息鼓，灰溜溜地辞职了。

对于做事有头无尾、有始无终的人，老板怎么敢把重要的任务交给他呢？

周幸无法取得成功，不是因为他的能力不够、热情不足，而是缺乏一种坚持不懈的精神。

因为在这个世界上，做事虎头蛇尾、迟疑不决、优柔寡断的人是很少能够获得真正的成功的。

无论你从事什么职业，做多久，都应该以一种善始善终的专注心态做好该做的事情。这不仅仅是职业道德所要求的，也是一个人人格魅力的体现。

对于每个人来说，做事需善始善终。因为只有这样，在公司的激烈竞争中，才会有立足之地，才不会被淘汰。如果一味抱着"下一份工作会更好"的想法，往往会给人留下虎头蛇尾、稳定性差的印象，就会使自己永远处于寻找"下一份工作"的过程中。为了治愈这种症状，首先要从"此处不留爷，自有留爷处"的打工心态中脱离出来，试着在现有的工作中寻找兴趣与自我肯定。

因此，在工作中，要尽量避免这种虎头蛇尾的做法。做工作就要从一而终、善始善终，以获得同事和老板的承认和赞赏。

善始善终地工作，不仅是一种责任，更是一种良好的品行。只有这样，我们才有可能得到成功的青睐。

闻过则改的建议：

1. 工作善始善终缘于一种责任

对工作负责的员工来说，如果工作做到一半就放弃，他会认为这是自己的失职。他们严格要求自己，把想方设法完成工作作为自己的使命。因此，对工作具有责任心的员工，绝不会轻易放弃，有了开始就要有结果。

2. 坚持是对付有始无终的法宝

多坚持一下，就会获得所需的结果。"无终"的主要原因往往是缺乏坚持的精神。

3. 专注于工作

钉子为什么会轻易地钻入木头中，就是因为它专注于一点。对待工作也一样，集中精力更容易成功地完成任务。困难往往在专注面前倒下，我们还有什么理由放弃，无果而终呢？

三心二意应付差事

先说一个三心二意的古代故事。

传说有一个人，叫范楚深。他的父亲是一位商人，非常有钱。他的注意力非常分散，上课时老是三心二意。每次当老师考试时，成绩都很不理想。从小到大，他一直都是混过去的。有一天，他的父亲给他一千两银子，叫他去创业。半路上，他手提着一千两银子，想着自己该去做什么工作。到了楚国，他见了他父亲的朋友，那人也是一个商人，在卖珠宝。父亲的朋友向范楚深推荐了一个人，说那人是一个非常喜欢为别人出主意的人。范楚深找到了那个人，这才知道那是一位神仙，人们都说只要照他说的去做，准会得到报酬。神仙对范楚深说："你先去卖东西吧！一定要做到底，绝不能放弃。如果没有什么急事，绝不能离开店铺。一定要专心。"范楚深很感激他，给了他一百两银子。之后，他先开了一家卖翡翠的商店，刚开始，他还是一心一意地去做。可是后来，他每天只知道去吃喝玩乐，把卖东西这件事忘记了，有好多翡翠都被别人给偷走了。到了后来，他赚的钱还没有开店铺用的钱多。就在这时，那位神仙对他说："一定要一心一意，把事情做到底。不要放弃。"可是店铺又开了一个月后就被拆了，那些翡翠都送人了。之后他又开了一家盐铺。可是他还是那样马马虎虎，三心二意。有时人家买了一千克的盐，却给了别人四千克。结果还是一分钱也没有赚到，又要重新开店铺。于是他又问那位神仙，神仙对他说："我也没有什么魔法，只是让你懂得一心一意这个道理。其实每一个道理就是一个魔法，当你懂得这个道理以后，魔法自然就会生效。"说完他就不见了。

无论做什么事情，都必须用心去做，全心投入，只有付出才有收获。三心二意，心浮气躁，毫无目标，好高骛远，最终只会一事无成。

【小故事】

沈恩恩的三心二意

浙江某市政建设集团有限公司材料采购员沈恩恩，敢闯敢干，能说会道，把公司的采购工作搞得红红火火。可是沈恩恩在工作细节方面有时不是很在意，经常犯粗心的毛病，因为他觉得事情只要做得差不多就行了，反正也没有什么大不了的。

有一次，公司订购了一批铺路面基础的建材，老板让他审核合同。他认为对方公司已经和自己公司做过一次生意，应该不会有什么问题，就没有仔细地看合同，结果合同中的一个标点错误给公司带来了巨大损失。

合同中有这样一句话："每张大于4平方尺、有漏洞的不要。"其实，句中的顿号本应是句号："每张大于4平方尺。有漏洞的不要。"由于标点的错误，原本表达清楚的合同出现了不同的解释。结果对方公司钻空子，发来的铺路面基础的建材都是小于4平方尺的，使沈恩恩所在的公司哑巴吃黄连——有苦说不出，损失惨重。

最后，老板非常生气，辞退了沈恩恩。

马虎大意、三心二意是很多人做事失败的根本原因。沈恩恩的大好前程也是因为他的粗心而断送了。

马虎大意、三心二意的原因有很多种，主要的原因是对自己的工作不够重视，缺乏严谨的态度。不论是因为对自己非常自信，还是因为事情本身就较小，轻视工作都是没有道理的，而且会带来不良的影响，轻则使工作不够完美，重则对公司造成损失。

做事尽职尽责，努力追求精益求精，是对一个人职业精神的基本要求。只有抛弃"差不多"的工作态度，才能够迅速培养出严谨的品格，获得超凡的智慧；才能让自己从普通员工迈向优秀员工的行列，甚至更高的境界。

很多人从小就养成了粗心大意的习惯，当他们参加工作以后，这种习惯就会被带到工作当中，使他们很难出色地完成任务。这种恶习在工作当中表现为学习不求甚解，外出办事总是迟到，与人约会总是延误，办事缺乏周密性，等等。更为重要的是，一个人一旦养成这种坏习惯，就会变得浮躁、不诚实，遭到别人的蔑视，既包括对他的工作的蔑视，也包括对他的为人的蔑视。

我们要努力做自己的主人，身体的主人，思想的主人，行动的主人。只有做好了自己的主人，才能做好自己事业的主人。大道相通，殊途同归。

闻过则改的建议：

1. 严格要求自己

严于律己是每个优秀员工都应该有的做事态度。放纵自己，不求甚解，马马虎虎，这在优秀员工的行为中是很少见的，也正因为如此，他们才获得了成功，成了老板的得力助手，成了公司的顶梁柱。要克服"差不多"的坏习惯，就必须严格要求自己。

2. 用 100% 的努力做好每一项工作

心不在焉、不求进取、马虎粗心的员工，永远也不会做出优异的成绩。对于任何一项工作，哪怕是整理办公室这样的小事，只有投入 100% 的努力和热情，才会干得非常棒，得到同事的尊重和老板的重视。当你尽心尽力地做好每一项工作的时候，你会发现一切都会变得那么美好。

不具备基本的职业操守

职业操守是指员工在职业活动中必须遵从的最低道德底线和行业规范。它具有"基础性""制约性"的特点，每一个员工都必须遵守。

现在有些行业的职业操守集体败坏，成为一种行业现象，成为或明或暗的行业运作规则。只认其是从业者的道德问题，不认其是社会公共系统的治理混乱，这是道德驱逐理性的表现。对于职业操守屡屡被突破的问题，长期以来，舆论似乎习惯归咎于制度惩处的不严厉。

职业操守是人们在职业活动中所遵守的行为规范的总和。它既是对从业人员在职业活动中的行为要求，也是从业人员对社会所承担的道德、责任和义务。一个人不管从事何种职业，都必须具备良好的职业操守，否则将一事无成。良好的职业操守要求从业者在业务活动中一贯秉持守法诚信，这种价值观是通过每个员工的言行来体现的。良好的职业操守构成事业的基石，不断提高职业者的声誉。

一个为了自身利益而出卖公司机密的员工，是一个不忠的人，即使能力出众、才华横溢也无法得到公司的信任，更别说受到重用。

【小故事】

黄道林泄露机密

在某大公司任职的黄道林，能说会道，技术过硬，才华出众，所以他很快被提拔为技术部经理。

有一天，一位外商请黄道林喝酒。席间，外商说："最近我的公司和你们公司正在谈一个合作项目，如果你能把你手头的技术资料提供一份给我，你将得到一笔可观的报酬。"

"什么，你是说，让我做泄露机密的事？"黄道林皱着眉说。

外商小声说："这事儿只有天知地知，你知我知，不会影响你。而且，我们只是稍微地参考一下，不会对你们公司造成多大损失。"说着，将装有20万美元的皮包递给黄道林。黄道林心动了。

在谈判中，黄道林的公司损失很大。事后，公司查明真相，辞退了黄道林。最终20万美元被公司追回以赔偿损失。黄道林懊悔不已，但为时已晚。

员工必须对企业抱以基本的忠诚。像上述事例中的黄道林那样在利益面前丧失底线的人，到任何地方都不会受欢迎的。因为他们给人的感觉是不可靠、不可信的。

现实中职业操守的沦落是裹挟在公平规则失守的泥沙之中的。久而久之，失去职业操守的不道德行为就会固化为群体默认的潜规则。因此，公平的规则不被逾越，这才是职业操守的真正底线。离开了这个底线的"坚守"，任何所谓制度的威慑和感召都注定是无源之水、无本之木。

闻过则改的建议：

1.遵守公司法规

遵守一切与公司业务有关的法律法规，并始终以诚信的方式对人处世，这是一个人的立身之本，也是每个员工的切身利益所在。

2.诚实地制作工作报告

正确并诚实地制作工作报告是每个员工的基本责任。这里说的工作报告是指员工在业务活动中产生或取得的信息记录，如工作记录、述职报告或报销票据等。任何不诚实的报告，例如虚假的费用报销单是绝对禁止的。禁止向公司内部或外部组织提供不实的报告，或者误导接收资料的人员。

3. 不要泄密给竞争对手

作为一名员工，可能会知悉有关所在公司或其他公司尚未公开的消息。所以在与竞争对手接触时，应将谈话内容限制在适当的范围内。不要讨论定价政策、合同条款、成本、存货、营销与产品计划、市场调查与研究等内容，也要避免讨论其他任何相关的信息或机密。常见的内幕消息包括未公开的财务数据、机密的商业计划、拟实施的收购计划、计划中的新产品等。不要将这些信息泄露给竞争对手。

随大流——过得去就可以

"做一天和尚撞一天钟——得过且过。"这是大家熟知的一句歇后语。然而，在很多企业和机关团体里，这句为人熟知的歇后语却演变成了有些人对待工作时的消极怠工心态。

做一天和尚撞一天钟

还是根据题目再来说一下这个大家都非常熟悉的故事：有一个小和尚在寺院担任撞钟之职，按照寺院的规定，他每天必须在早上和黄昏各撞钟一次。如此半年下来，小和尚感觉撞钟的工作极其简单，倍感无聊，于是他就抱着"做一天和尚撞一天钟"的态度应付差事。

一天，寺院住持忽然宣布要将他调到后院劈柴挑水，原因是他不能胜任撞钟之职。小和尚觉得奇怪，就很不服气地问住持："难道我撞的钟不准时，不响亮？"

住持告诉他："你的钟撞得固然准时，也很响亮，但是钟声空泛、疲软，没有感召力，因为你心中没有理解撞钟的意义。钟声不仅仅是寺里作息的准绳，更为重要的是要唤醒沉迷的众生。因此，钟声不仅要洪亮，还要圆润、浑厚、深沉、悠远。一个人心中无钟，即是无佛；如果不虔诚，怎能担当撞钟之职？"

小和尚听后，面有愧色，无话可说，只好去劈柴挑水。

其实，对照我们自己的企业，类似小和尚的人也不在少数吧？职场上有一部分人就是"做一天和尚撞一天钟"，抱着混日子的态度来做事。

【小故事】

营销人员谢新广的一天

早晨的闹钟响了好多次，公司的营销人员谢新广才从床上挣扎起来，一天的痛苦工作之旅就这样开始了。

早餐还没顾得上吃，谢新广便匆匆忙忙地赶往公司。跨入公司的大门时，他还是神情恍惚，坐在会议室睡意蒙眬地听着领导布置工作。

上午，谢新广被安排拜访客户，但出去时却忘了带客户需要的资料，结果遭到拒绝和冷遇，一笔订单被他搞砸了。这时他的心情简直糟透了，好像世界末日就要来临似的。

下午，谢新广回到公司，懒懒地坐在办公桌前给客户打着回访电话，心里却想着下班去哪里消遣，晚饭吃些什么。下班时填工作报表，他胡乱地写上几笔，便飞奔出公司。就这样，谢新广一天的工作结束了。

一年365天，一天24小时，一小时60分钟……谢新广就这样做一天和尚撞一天钟，得过且过。他从不花时间学习，他懒惰、思想消极，没有明确的目标和计划；

从不反省自己一天做了些什么，有哪些经验、教训；从不认真研究自己的产品和竞争对手；从不用心去想一想在销售产品的过程中为顾客带来了什么样的服务和满足，顾客为什么会拒绝……这就是谢新广的真实工作写照。

到了月底结算工资，想怎么这么少？真没意思，看来该换地方了，于是谢新广非常牛气地炒了老板的鱿鱼。两年下来，他换了五六份工作。日复一日，年复一年，时间就这样流逝了。结果谢新广是"三个一工程"：一事无成，一无所获，一穷二白！

什么样的心态造就什么样的人生，我们平时以什么样的心态去面对工作呢？一种人认为是在为老板打工，得过且过，做一天和尚撞一天钟，完成自己的工作就行了。有这种想法的人，其职业生涯相信也不会有大的进步。另一种是做事业的心态，不单单把工作看作一种职业，而是看作自己的事业，相信这种人在完成工作的同时也在不断取得进步。

试想，一个人抱着"混"的态度，如果让他去做一线工人，他一定得过且过、粗制滥造，做出的产品即使暂时合格，也不会是精品。这与企业的发展目标是格格不入的。如果让他去看大门，他一定萎靡不振，绝对不能代表企业形象。这样的人最终的结局就是下岗。

　　美国通用电气前掌门人杰克·韦尔奇以优胜劣汰的原则把通用电气打造成著名的人才工厂。他曾经说，在一个卓越的企业里，有20%的人是卓越的，有70%的人是合格的，还有10%的人是一定要被淘汰的。杰克·韦尔奇这样解释，如果不淘汰这10%的人，对那20%的卓越人员和70%的合格人员是不公平的。他说的这10%的人就是那些抱着"混"的心态而又碌碌无为的人。杰克·韦尔奇认为，让一个抱着"混"的心态的人下岗，不仅对企业有百利无一害，而且对其本人也有一定的帮教作用。只有让他下岗或培训改造，他才可能真正意识到人为什么活着，人活着的真正意义是什么；他才可能摒弃打工心态，树立起主人翁意识，提高自己的敬业精神。也能因此而振作精神、奋发图强、追求进步，成为一个有用的人。

　　聘用得过且过、做一天和尚撞一天钟的人，不仅对企业和老板是一种损害，长此以往，也会降低他们自己的价值，断送他们自己的希望，使自己的生活维持在一种较低水平上，过着一种庸庸碌碌、牢骚不断的生活，并因此而埋没了他们自己的才能，湮没了生命应该有的那种创造力。

　　因此，无论你从事什么工作，都要从根本上去除得过且过、做一天和尚撞一天钟的心态，以高度的责任感和主人翁精神热爱自己的工作，扎实工作。这也是我们走向成功的关键一步。

闻过则改的建议：

1. 主动要求做更多工作

积极行动是消极的克星。大胆地向老板要求你感兴趣的工作，充分发挥自己的潜能，积极行动起来，不知不觉中你就会摆脱"得过且过"的心态。

2. 不断吸收新知识

工作中不断接受新事物，吸收新知识，视野就会开阔，兴趣也会广泛，这样对工作的认识会更全面，工作的主动性、积极性也会提高。

四平八稳随大流

四平八稳，一般指说话做事稳当；也可指做事只求不出差错，缺乏积极创新精神。在竞争这么激烈的今天，如果作为员工在工作中依然选择四平八稳，唯领导马首是瞻，缺乏创新精神，不思进取，遇到问题绕道走，只求守住摊子，不出乱子；看问题没有主见，人云亦云，见风使舵；或者善于跟风造势随大流，工作不冒尖也不落后。那么可以说，就是这种追求"四平八稳"的心态，成了企业发展的"绊脚石"，束缚了人的思想，削弱了人的斗志，使人错失了转瞬即逝的发展机遇。

四平八稳随大流，就是不相信自己的想法，人云亦云。在公司中，当老板、同事质疑你的想法、做法时，你是否还会坚持自己的观点？有些人会由此而放弃，选择跟大家保持同步。因为一个人进入社会以后，会在为人处世的方式上发生转变，他们为了适应社会，开始学会圆滑地处理事情，会重视别人对自己的评价，对老板更是如此，于是，他们便逐渐地失去主见。

【小故事】

俞俊豪的时时请示

名牌大学毕业的俞俊豪，应聘到一家广告公司做设计员。他担心自己的能力和经验不够，不小心做错事，给公司造成损失，所以，在工作中什么事都征询经理的意见，从来没有独立决断。有一天，经理让他在15天内设计出一个楼盘的广告，他不敢擅自做主，事事请教经理。有一次，把经理惹烦了，训了他一顿。尽管俞俊豪闷闷不乐，但在工作的过程中，还是不敢擅自做主。恰好，经理有事请假三天，他便像一只无头苍蝇一样，什么也干不了，每天面对着一大堆材料在办公室里枯坐。他已严重地迷失了自己，这个情况被老板看在眼里。因为迟迟不能完成工作任务，老板大发雷霆，把他解雇了。

上述案例说明，俞俊豪的表现对公司和个人的发展都是极为不利的。从公司方面来说，员工主见的丧失将会使公司失去创新精神，公司内部会如一潭死水，失去发展壮大的动力。从个人方面来说，丧失主见的破坏性更大。失去主见，就意味着失去了自己的思想。一个失去思想的人，最终只能成为别人的附庸。例如，那些认为别人永远正确的人，会因为别人的喜好来改变自己。可想而知，一旦别人弃之而去，他将无法生存。这类人在公司里不会赢得同事的尊重，更无法赢得老板的青睐。没有主见的人喜欢随大流，跟在别人的后面走，或许感觉上比较有安全感，不用独立地面对困难和问题，但在不知不觉中，却局限了自己前进的步伐。要知道，成功的路不是别人给你预备好的，而是自己找出来的，成功的唯一快捷方式，就是做"与众不同"的事。

不走别人走过的路，开创与众不同的路，没有与人一较高下的压力，反而更可以发挥自己的能力，更容易做出成绩。坚持主见，可以发现更多机会。

不随大流，自信地做不同的事情，抛开一般人的惯性做法与目标，收获可能超乎想象。

因此，四平八稳者，都是消极保守、不敢承担责任的人。当今时代，竞争这么激烈，需要改革创新的勇气和胆魄。四平八稳的员工，虽有完好的两条腿，却绝对不想学走步，满足当前，不敢越雷池一步，以致工作上怕这个怕那个，缩手缩脚，等靠观望，最终贻误时机，耽误企业的发展。

闻过则改的建议：

1. 坚持自己的原则

除非与别人的意见一致，或者他们有权支配你的行为，任何人都无权要求你根据他们的想法做事。除了对大众有益的行为，没有人可以要求你做自己不喜欢做的事。所以，完全没有理由为了取悦他人，而放弃自己的原则。

2. 重视自己的意见

缺乏主见的人十分看重他人对自己的看法，深信别人对自己的评价是准确的。事实上，别人都是基于他们自己的标准来评判事物，而且他们对你的背景和生活经历又不完全了解，很难对你做出准确的评价。

3. 独立思考，独立决定

工作中总会有一些人愿意免费为你提供建议或为你做出决定，虽然他们并不一定很成功，但是他们依然认为有资格给你意见。面对这种情况，你必须学习独立思考，独立决定。如果你允许他人为你做决定，那你将永远学不会自己做决定，自己解决问题。

做事虎头蛇尾

在现代企业里，有些抱有打工心态的员工做事虎头蛇尾。他们做事时只有一个很好的开头，却没有一个令人满意的结尾，给人留下一种有始无终、只重开始不管结果的印象。在工作中，我们常常遇到这种有头无尾或者虎头蛇尾的人。

往往就是这样，已布置的工作，如果没有督促就不会有积极的反馈。譬如许多单位年初定出一系列计划目标，并且细分到每一个部门、每一个单位甚至每个人，所做的事情也1，2，3……排序了。但是到了年底，这些计划、任务完成得如何？哪些已经完成了？哪些还没有完成？离目标值还有多少距离？无法完成计划的原因何在？要么统统没有下文了，要么只有包含着大量"大约""可能"等词语的含糊不清的总结。

对于做事有头无尾、有始无终的人，20世纪80年代一幅很有名的漫画《打井》是最好的写照。漫画的大致内容是一个壮汉要打一口井，他提着铁锹先后挖了五六口井，均没有见到水，其实下面就是滚滚的地下水，只是他没有坚持挖下去，尤其是最后挖的那口井，距离滚滚的地下水只有几尺而已，可他还是提起铁锹，丢下一句"这里没有水"后就扬长而去。做事总是半途而废的人，没有人敢把重要的任务交给他。

做事切忌有始无终、半途而废，许多人之所以无法取得成功，不是因为他们能力不够、热情不足，而是他们缺乏一种坚持不懈的精神，做事东拼西凑、草草了事。

【小故事】

谢素军的帮忙

在好多年前，当时有人正要将一块木板钉在树上当隔板，谢素军便走过去管闲事，说要帮人一把。他说："你应该先把木板头子锯掉再钉上去。"可是，他找来锯子之后，还没有锯两三下就撒手了，说要把锯子磨快些。

于是他又去找锉刀。接着又发现必须先在锉刀上安一个顺手的手柄。因此，他又去灌木丛中寻找小树，可砍树又得先磨斧头。

磨快斧头需将磨石固定好，这又免不了要制作支撑磨石的木条。制作木条少不了木匠用的长凳，可这没有一套齐全的工具是不行的。于是，谢素军到村里去找他所需要的工具，然而他这一走，就再也没有回来了。

职场中，有很多人就像故事中的谢素军一样，做事虎头蛇尾、半途而废。而这样做，造成的不仅仅是工作没有完成的结果，更重要的是它有可能给你带来心理上的挫折感，甚至可能使你养成虎头蛇尾的工作习惯，而这将是个人最大的损失。

对一位积极进取的员工来说，有始无终的工作恶习最具破坏性，也最具危险性。它会吞噬你的进取之心，也会使你与成功失之交臂，使你永远不可能出色地完成任何任务。古人云"行百里者，半于九十"，就是这个道理。

闻过则改的建议：

1. 确立远大志向

我国古代哲学家王守仁说："志不立，天下无可成之事。"确实，一个人如果没有远大的志向，没有崇高的目标，没有美好的希望和追求，他的行动就会失去方向和动力，稍遇困难就会心灰意冷，一蹶不振；反之，如果有志向，有抱负，有追求，认识到自己行动的真正意义和最终目的，就会激发出坚韧的毅力，不达目的，决不罢休。

2.培养乐观态度

毅力的大小，与克服的困难的大小成正比，这是意志活动的一条规律。生活中充满了形形色色的困难，能否克服这些困难，把工作进行到底，也取决于我们有什么样的生活态度。乐观的人视困难为常情，在他们眼里，"困难像弹簧，看你强不强；你强它就弱，你弱它就强"，因而充满了克服困难的信心、决心和恒心。悲观的人往往人为地夸大困难，或者未战先降，或者晃两枪就败下阵来，表现出毅力的丧失。因此，要想克服自己做事虎头蛇尾的毛病，必须注意培养自己乐观的生活态度。

3.注意由易到难

有些人很想把某件事善始善终地干完，但往往因事情困难太大而难以为继。因此，对于毅力不是很强的人来说，在确定自己某一阶段的奋斗目标，选择实现这一目标时，一定要坚持从实际出发和由易到难的原则,切不可"一锹挖口井,一口吞个饼"。徐特立同志年近半百始学法文时,就是坚持了这一原则,他以"日学一字,五年为成"为座右铭,结果三年就学会了。

4. 兴趣激发毅力

有人说兴趣是毅力的门槛,这话是有道理的。昆虫学家法布尔自幼对昆虫有特殊的兴趣,他在树下观察昆虫,可以一趴半天。获得诺贝尔物理学奖的丁肇中教授说:"我经常不分昼夜地把自己关在实验室里,有人以为我很苦,其实这是我的兴趣所在,我感到其乐无穷。"确实,一个人倘若对某项工作、某种事情、某门学科产生了"其乐无穷"的兴趣,则毅力当然如期而至了。

5. 要从小事做起

从小事做起,往往也能培养自己的"大"毅力。李四光素以工作顽强、一丝不苟著称,这与他年轻时就注意锻炼自己每步走 0.8 米之类的小事不无关系。生活一再昭示:人皆可以有毅力,人皆可以炼毅力,毅力与克服困难伴生。克服困难的过程,即培养自己毅力的过程。毅力不是很强的人,往往能克服小困难而不能克服大困难,但是,积极克服小困难之胜利就能逐步培养起人克服大困难的大毅力。

敷衍了事的员工

在现代社会里，企业与企业之间竞争越来越激烈，只要员工在工作中不用心，有一丁点儿不负责任，就有可能导致整个企业蒙受巨大损失。

敷衍了事的人不只是工作起来效率较低，自己阻碍了自己发展和进步的道路，而且会给人们留下做事情不负责任、工作粗心大意的坏印象，从而很难获得上司的信任和重用，自然也就无法获得同事的尊重。所以，敷衍工作，实在是摧毁理想、堕落生活、阻碍前进的大敌。

一位哲学家说过："不论你手边有任何工作，都要用心去做。这样，你每天才会取得一定的进步。"

失败的最大祸根就是养成了敷衍了事的习惯，而成功的最好方法就是把任何事情都做得精益求精、尽善尽美，让自己经手的每一件事，都贴上"卓越"的标签。

用心工作，最大的受益者是自己；敷衍工作，最大的受害者也必定是自己。大部分人总是渴望自己的能力得到提升，薪水得到提高，却在工作中依旧抱着为老板打工，只是完成任务，甚至敷衍、马马虎虎的工作态度，似乎他们并不知道职位的晋升是建立在忠实履行日常工作、用心做好每一件事的基础上的。只有尽职尽责、用心做好目前的工作，才能使你获得价值的提升。

在一家世界500强公司的大楼里的墙上雕刻着这样一句格言："在此，一切都追求尽善尽美。"这应该成为我们每一个人做任何一项工作的态度。无论我们在从事多么枯燥、多么单调、多么细微的工作，都要竭尽全力，用心去做，以求得尽善尽美的结果，那么我们自己、我们的公司、我们的社会就会取得长足的进步。

做事用心不是高不可攀的难事，做事用心只是一种心态，做事用心只是一种选择！

人类的历史，充满着因疏忽、畏难、敷衍、偷懒、轻率而造成的可怕惨剧。

【小故事】

美国"挑战者号"的爆炸事件

1986年1月28日，美国的"挑战者号"航天飞船刚升空就发生了爆炸，包括两名女宇航员在内的七名宇航员在这次事故中罹难。调查的结果是一个 O 形封环在低温下失效所致。失效的封环使炽热的气体点燃了外部燃料罐中的燃料。尽管在发射前夕有些工程师警告不要在冷天发射，但是由于发射已被推迟了五次，警告未被重视。这次事件是人类航天史上最严重的一次载人航天事故，一些人员对技术人员的建议敷衍了事，结果就是造成直接经济损失 12 亿美元，并使航天飞船停飞近 3 年。

像这种因在工作中敷衍了事而引起的悲剧，每天都在上演。用心工作的员工是企业的财富，也是企业真正需要的人。一个用力工作的人，只能做到称职；只有用心工作的人，才能达到优秀。用心工作是一种工作态度，更是一种工作方法和工作哲学。从平凡到优秀，其实只有一个秘诀，那就是工作上要用心一点，再用心一点。只要用心去做，每个人都能在工作中表现得出色，都能成为企业最优秀的员工。

闻过则改的建议：

1.严肃认真的工作态度

工作中首先需要解决的问题就是思想观念问题，具体点讲就是对待工作的态度。应该明确工作职责，增强工作责任感，尽职尽责地去做好领导交办的每一项工作。这种严肃认真的工作态度对于任何一个人来讲，都是不可忽视的首要因素。

2.团结协作的互助精神

在工作和生活中，我们每个员工都不是独立的个体，有些环节看上去，你一个人就能独立完成，但放到全局来看，你离不开一个整体组织的共同合作。所以，心中必须具有共同协作、相互依存的整体关系意识。作为一个单位或部门的员工，不仅要对自己的工作负责，同样还要对他人、对单位的各项事业负责任。因此，我们广大员工只有团结友爱、团结协力地去做好本职工作，才不会影响整个企业和个人的发展。

3.有平和细致的心境

人在一生的工作中，难免会犯各种各样的错误，但只要适时调整心态，及时总结教训、悔过改新，就不失为明智之举。当然更不能因屡遭碰壁而丧失斗志，坐在那怨天尤人，停滞不前，从而坐失了良机。所以我们必须用一种平静的心态去正视工作中的失误，总结错在哪了，又何以会出这样的错误，最后再加以认真细致的工作态度，不放过任一个微小的犯错的细节，努力改正工作方法，就会把工作一步步做得完美起来。

拖延症——工作明天再干

行动能够让很多人实现他们的理想，从芸芸众生中脱颖而出。如果人们都能全身心地投入自己的工作中去，即便是能力一般的人，也能取得很好的成绩。但人们常有的拖延症却是阻碍人们通往成功的绊脚石。

工作执行不到位

工作执行不到位，是企业存在的一个通病。只有员工无条件执行把工作做到位，企业才能够有希望和别的企业进行竞争。执行力，无条件的执行力，是很多企业的短板。当前企业最缺的是什么？管理者和员工最缺的应是多思考"我应该怎么干，我怎么干才能干好"的执行力和领导力。因为我们已经习惯于剑走偏锋，不关注自己如何执行，如何做好本职工作，而是把注意力更多地集中在别人、别事上，总把挑剔的目光投向别处。结果是该管的事情没有管好——缺位；管了不该管的事情——越位；游离于该管什么（职责）和管了什么（行为）之间，不能找准自己的坐标，混淆了角色——错位。只要这"三位"的问题存在，我们的执行力就不可能"到位"，执行就会打折扣，团队合力和企业目标就会成为海市蜃楼。

执行要做好，并不在于事后的反思，而在于事前的计划和布置，以保证将事情做好、做成。很多时候在执行某项任务之前都要做大量的工作，一旦执行不到位，就会前功尽弃，造成很大的损失甚至是悲剧。

　　一个著名的传奇故事出自已故的前英国国王理查三世。他于1485年在波斯战役中被击败。而莎士比亚的名句"马，马，一马失社稷"使这一战役永载史册，同时也告诉了我们这样一个道理：虽然只是少了一颗钉子的准备，却带来了巨大的危险，执行不到位，造成前功尽弃的结果。

【小故事】

一马失社稷

　　国王理查三世和公爵亨利准备拼死一战，这场战斗将决定谁统治英国。

　　战斗进行的当天早上，理查派一个马夫备好自己最喜欢的战马。

　　"快点给它钉掌，"马夫对铁匠说，"国王希望骑着它打头阵。"

　　"你得等等，"铁匠回答，"我前几天给国王全军的马都钉了掌，现在我得找点儿铁片来。"

　　"我等不及了。"马夫不耐烦地叫道。

　　铁匠埋头干活，从一根铁条上弄下四个马掌，把它们砸平、整形，固定在马蹄上，然后开始钉钉子。钉了三个掌后，他发现没有钉子来钉第四个掌了。

　　铁匠准备砸钉子将马掌钉好的，但在马夫的催促下，只好将马掌挂在蹄子下。

　　两军交锋了，理查国王就在军队的阵营中，他冲锋陷阵，指挥士兵迎战敌人。远远地，他看见在战场另一头自己的几个士兵退却了。如果别人看见他们这样，也会后退的，所以理查快速冲向那个缺口，召唤士兵调头战斗。

　　他还没走到一半，那挂着的马掌掉了，战马跌翻在地，理查也被掀倒在地上。国王还没有抓住缰绳，惊恐的畜生就跳起来逃走了。理查环顾四周，他的士兵纷纷转身撤退，亨利的军队包围了上来。

　　他在空中挥舞宝剑，"马！"他喊道，"一匹马，我的国家倾覆就因为这一匹马。"

　　这段历史给我们的启示：少了一个铁钉，丢了一只马掌；少了一只马掌，丢了一匹战马；少了一匹战马，败了一场战役；败了一场战役，丢了一个国家。细小而关键的一些因素，有的时候看起来是毫不起眼的，可是却往往决定着事情的成功与失败。

　　现在，许多企业在用人上也遵循"赛场选马"的用人法则，实行竞聘上岗，优胜劣汰。那么，什么样的人容易被淘汰呢？我想那种这山望着那山高，工作执行不到位，总想换到舒服的、有高薪的岗位，本职工作还没做好就急着跳槽，以达到自己目的的人将会最先被淘汰。

工作来之不易，所以应把珍惜自己的工作当成一种责任、一种承诺、一种义务、一种使命。对我们每一个人来说，对工作的意义要有清醒的认识：

1. 工作是立身之本

经济基础决定上层建筑。每一个人都不能回避这样一个事实：你首先需要有充足的物质基础来养活自己及家人，在这个前提下才能谈到个人的愿望和追求，才能提到生活质量的改善，过上自己想要过的生活。因此，你需要一份工作，而且必须努力去干好这份工作。因为，工作是你的立身之本、幸福之源。

2. 不珍惜工作就会失去工作

优胜劣汰是自然法则。淘汰是竞争的产物，竞争伴随着危机，在如今这样一个竞争残酷的时代，无论是企业还是企业员工，周围都十面埋伏。职场的竞争已然成为一场不进则退、永无止境的竞赛。

"蛙未死于沸水而灭顶于温水"的情况不仅仅发生在动物界，也存在于职场。人们在总结员工在职场失败及企业衰败的原因后，发现了一个共同点：失败并非突然而至。事实是，当这些人和企业在表面上还春风得意的时候，危机就已经潜藏其中了。因此，作为员工，更要有危机感。这种危机感体现于对工作的珍惜程度，危机感强的员工，总会对工作加倍珍惜，因为他们知道，如果自己不珍惜工作，不时刻保持危机感，自己的位置就有可能被别人替代。自己不珍惜工作，就会如同温水中的青蛙，随时可能面临被企业淘汰的命运。

3.珍惜眼前的工作岗位

工作岗位是人生旅途拼搏进取的支点，是实现人生价值的基本平台。珍惜岗位就是珍惜生命，进而获得生存的动力，提高自己的人生价值。

然而，很多人在工作中却不珍惜岗位，总是心浮气躁，好高骛远，没有立足本职埋头苦干，当然他们也不会有建功立业的成就感。这类人一见到别人做出了成绩，就会因羡慕而嫉妒，进而大发"英雄无用武之地"的牢骚，似乎自己没有成就，不是因为自己工作不努力，而是岗位不合适。但是，一旦领导将他们放到某个重要岗位上，他们又会因沾沾自喜而乐以忘忧，以致成天在"一杯茶水一包烟，一张报纸看半天"中消磨时光。至于人生的理想、奋斗的激情、进取的潜能、创造的才智，统统都在这种舒适安逸中慢慢被泯灭殆尽，到头来，难免平平庸庸、无所作为。可见，不珍惜岗位，实际上就是苟且偷安，敷衍人生，最终是对自己生命的浪费。

珍惜岗位就是珍惜自己的就业机会，拓展自己的生存和发展空间。如果你对工作总是漫不经心，做一天和尚撞一天钟，到头来损害的不光是企业的利益，自己也会因此而丢掉手中的饭碗！

闻过则改的建议：

1.制度落实必须从我做起

规章制度不只是为员工设立的，它是企业每个干部和员工都要共同遵守的行为准则和操作规范，因此，企业干部更要在落实制度中起表率作用，带头遵守法律、法规和规章制度；并且经常用规章制度提醒自己，约束自己，用实际行动为员工做出表率。搞好一个单位，光靠领导不行，光靠几个人也不行，全体员工必须提高认识，加强制度观念，从自己做起，从小事做起，按规章制度做好每一项工作。

2.强化制度落实意识

制度决定着人们的行为，把制度变成行动，把行动变成结果，一步实际行动比一沓纲领更重要。制度不在多，关键要执行。有了制度如果不去执行，就如同它被写在纸上挂在墙上，形同虚设，不起任何作用。不要把执行制度当作繁文缛节，当作负担，当作累赘。什么是风险，不执行制度是最大的风险。要牢固树立防范业务风险、责任重于泰山的工作理念，切实加大规章制度的执行力度，确保各项制度措施落实到位。

3. 合理的奖惩机制是制度有效执行的重要保障

"破窗理论"告诉人们，如果有人打烂一扇窗户的玻璃，而不受到惩处，别人就可能受到"暗示"去打烂更多的窗户的玻璃。同样，如果一个员工做得好而没有得到相应的奖励，也就是他不知道"完成任务后我能得到什么？"那将在很大程度上打击其积极性，从而导致整体执行力的降低。因此，建立科学的绩效评估指标体系和考核奖惩机制是制度有效执行的重要保障。

4. 完善的监督机制是制度有效执行的重要手段

一项制度的落实不是一蹴而就的，而是需要脚踏实地、深入细致地化作实践。会议召开了，不等于决策落实了；计划下达了，不等于任务执行了。应该让员工知道"执行任务时我需要做些什么？如果受到不公正待遇，我应该去找哪个部门投诉？"这就要求必须有一个健全的监管执行制度，要科学设定责任目标，不断完善考核办法，强化日常监督，加强过程控制，使每项工作有目标、有措施、有责任人、有督促检查、有考核评估等，这样才能有效提升执行力，从而确保各项制度落到实处。

恶性循环等明天

在实际工作中我们时常会发现，有的工作人员工作拖拖拉拉，立刻能做的事情非要过会儿再做，上午能做的事情非要下午再做，当天能做的事情非要明天再做，长此以往，造成工作效率低下。这种拖沓作风不仅耽误工作，也会损害工作人员在其他同事和领导心目中的威信和形象。治理拖沓是提高工作人员工作效率、转变工作作风的有效方法和途径。

【小故事】

今天的工作明天去做也来得及

姜鑫是北京一家文化公司的图书编辑，他的工作是在一定的期限内将作者寄过来的稿子编辑成书，按照正常的进度，编辑加工一般的稿件两个月的时间完全足够了。可是姜鑫呢？做一本书稿所花的时间往往要超出正常时间好多，不仅如此，稿件的质量也难以达到出版要求。

为什么会这样呢？编辑部主任感到非常困惑，因为姜鑫刚进公司的时候并不是这样的。有一天，快要下班的时候，主任走到正在忙着收拾东西准备回家的姜鑫面前，询问工作进展情况。

"快了，马上就完成了。"姜鑫回答道。

"真的是快完成了吗？"主任让姜鑫将做好的东西拿出来让他看，结果发现事实并非像姜鑫所说的那样，今天该完成的工作姜鑫只做了一半。

"你到底什么时候才能完成？"主任不耐烦地问道。

"没事的，这对我来说很简单，只要我明天多加把劲就能够在规定的时间内完成。"姜鑫自信地说道。

主任听了十分生气，毫不客气地说："今天的工作怎能明天去做？你这样的工作态度是干不好任何工作的，你还是另谋高就吧！"

这个案例会让人马上联想到广为流传的《明日歌》："明日复明日，明日何其多；我生待明日，万事成蹉跎。"这首小诗说明了一个人如果做事拖拉，会造成怎样的结果。

人们喜欢期待明天，因为明天代表着希望，代表着新的开始；因为明天终究会到来，明天会抹去今天的不幸和不快。但明天并不代表所有的美好事物，明天是不确定的，没有人知道自己还有几个明天，也没有人能确定自己的明天会怎样。也许比今天更糟糕，谁知道呢！因此，面对生命最好的态度就是把握今天，努力工作，勿使今天虚度。

虽然懒惰是人的一种天性，但它不是无法改变的。是否能够克服这种天性往往也是衡量一个人能否成功的标尺之一。

如果你和故事中的姜鑫有同样的习惯，那么你就应该注意了。长此以往，这种毛病就会完全笼罩住你的生活，吞噬掉你的梦想和追求，消磨掉你的精神和意志，最终将你的整个人生拖垮。当你意识到自己的这种习惯已经带来恶果的时候再想办法改变，那就已经晚了！要知道，在工作中如果你不能够在还没有造成损失之前意识到可能引发的后果而积极地去寻求改变，那么你的职场生涯将可能被断送。

因此，想要成就辉煌的人生，就必须改掉懒散拖沓的习惯。想要成为一名优秀的员工，就必须今日事今日毕。因为明天肯定还会有明天的事情，如果你一味地拖延，把今日的事拖到明天，再把明天的事拖到明天的明天……那么你的案头将永远都会堆积着处理不完的工作，你也将难以应付，直至崩溃。所以你应该牢记，不要给自己任何借口将今日之事拖到明天！只有克服拖延的习惯，你才能够在日益激烈的竞争中真正获得主动，从而赢得比别人更多的时间去做更多的工作，使自己获得比别人更多的机会。克服懒散拖沓的最好办法就是让它消失在你的生活和工作中。

造成工作拖拉的原因主要有以下几点：

1. 对目标工作的思想认识不到位

在追查工作拖拉的原因时，我们经常会听到拖拉者检讨自己：对该项工作重视不够，或者忘了、没注意到等之类的悔过之辞。道理很简单，因为对要做的目标工作的重要性、实质内容与规律性等都未认识到位，甚至存在误解或反感情绪，这样当然不会积极努力去做。即便去做了，也可能是被动应付，出工不出力，或对即将要做的工作的复杂性与难度估计不足、准备不够，仓促上阵，操作不当，被动局面自然形成，拖拉现象也就由此而生。

2. 对目标工作的胜任能力不足

目标工作有难有易的确不假，可是同一目标工作交给两个能力悬殊的人去做，结果往往也会大不一样。因此，有些人工作效率低下，进展缓慢，甚至做不好、完不成的原因，不是工作不努力，而是工作能力实在太差，力不从心，难以满足完成目标工作的需要。

3. 对完成目标工作心存私心杂念

有些目标工作，完成难度不大，却总是看不到理想的工作进展与成果。追问起来，不少人还会找些表面现象与十分牵强的理由来掩盖真相、粉饰成绩或者推脱责任。其实背后还兼顾有私情、私利、交易等不愿公开的秘密，有意敷衍塞责、拖延时间或不了了之，甚至开倒车。这是私心杂念在作怪，导致指导思想、工作动机甚至工作立场出了问题。

4. 内部存在工作推诿和扯皮现象

在推进目标工作过程中，有些工作团队风气不正、管控松懈、协调不力，内部经常发生部门之间、人员之间互相推托、互不配合、各不买账、相互指责、互相埋怨的推诿和扯皮现象。这种现象一旦得不到及时有效的解决，就会成为推进目标工作的负能量、绊脚石，影响目标工作的圆满完成。

5. 管理目标工作的体制机制欠科学

有些工作的拖拉，还真不能全怪具体操作人员办事不力，而是因为管理目标工作的体制机制畸形残缺或者脱离实际、不科学。譬如职能交叉、分工不细、责任不清、考核不严，致使相互推诿，缺乏动力；控制过剩、条条框框、办事环节过多，致使有力使不上；不得要领、控制不当、管理混乱、工作无序，致使具体操作人员效率低下、事倍功半等，这些都会造成工作拖拉。

6.多种原因交集叠加造成工作拖拉

在追查工作拖拉的原因时，我们发现更多的还是上述原因的交集叠加，甚至有时还会夹杂一些如顾虑过多、为求完美而错失良机；自卑胆怯、缺失信心而裹足不前；方法不对，走了弯路；装备落后，难以保障工作的需要；工作对象顽固不化等其他方面的原因。

闻过则改的建议：

1.提高思想认识

目标工作千差万别，情况各有不同。领导者在交付工作任务时，应视目标工作的复杂程度与经办人的不同情况，做好战前动员，讲清说透目标工作的相关事项，想方设法让经办人充分认识目标工作的重要性、实质内容、规律性及责任考核等方面的内容。从而使经办人能积极主动地围绕目标工作开展调查研究，明察秋毫，统筹兼顾地制订行动计划，从而有条不紊地开展工作，确保目标工作的圆满完成。

2.强化胜任能力

除了在交付工作任务时抓好有针对性的应急培训外，还应该千方百计地加强平时的系统教育与知识更新。除了可以采取请进来、送出去的有计划有组织的强化培训教育外，还应该建立强有力的激励机制，鼓励员工自觉努力学习、自学成才，包括参加学历、职称、执业资格等方面的提升考试，不断提高理论水平与业务能力，及时掌握现代科学技术与先进的专业知识。只有这样，才有可能成为业务精通、水平高超的工作能手，拥有足够的能力，随时随地、游刃有余地应对工作过程中突如其来、不断变化的新情况与新问题，创造性地完成目标工作。

3.扫除私心杂念

领导者必须重视构筑切实可行的惩防体系，包括严惩以身试法者，使人不敢徇私枉法；建立回避制度，从派工上避开一些可以回避的私心杂念；加强对思想政治、职业道德与廉洁自律等方面的教育，提高免疫力；强化内控机制，把权力关进制度的笼子里，铲除一切可能滋生腐败的土壤，使私心杂念无处着陆，难以实现，促使员工自觉排除私心杂念，轻装上阵，专心致志地把目标工作推入健康发展的轨道。

4.加强过程监管

领导者对目标工作不仅要做好事先调查筹划、事后考核总结，还应该准确选择要控制的关键点和观察角度，加强对目标工作进程的控制与监管，及时发现目标工作推进过程中存在的脱离实际、偏离航向、推诿扯皮等问题，做好督促指导、排忧解难、纠正偏差与亡羊补牢工作，为员工树立信心，让员工少走弯路，圆满完成目标工作。

5.完善体制机制

内部体制机制解决的是如何有效组织劳动者运用劳动工具改造劳动对象的问题，也属劳动管理方式的范畴。它涵盖机构设置、职能分工、工作流程、内控制度、业绩考核等方面的内容，是一个单位职能运行的框架、肢体与逻辑，对目标工作的推进会起到促进或者阻碍的作用。只有与时俱进，不断改革，建立切实可行、科学完善的内部体制机制，才能促进目标工作的高效完成。否则，就会成为推进目标工作的障碍。

6.重视综合治理

影响工作效率、造成工作拖拉的原因很多。要消除拖拉，高效完成目标工作，仅靠前面提到的只涉及劳动者与劳动管理方式两个因素的对策是不够的，还要积极运用现代先进的科学技术与装备武装劳动者，并采取有效措施不断预先改良劳动对象，全方位地对劳动进行综合治理——达到全面提升和优化所有会造成工作拖拉的劳动要素与管理方式的效果。只有争取以一流的劳动者搭配一流的劳动工具，并对改良过的劳动对象辅以科学有效的劳动管理方式，创造出最佳的劳动过程，才能又好又快地完成各项目标工作。

工作没有计划

一个人有无作为，看你会不会订计划；一个部门有无优良业绩，看部门负责人会不会订计划；一个企业有无高效率，看企业领导会不会订计划。

计划订得好，效率有保障；计划订得差，效率必低下。没有人生规划而能成就大事的人，我们很少听说过；没有严密计划而有高效率的企业，同样我们很少听说过。计划工作如此重要，而对此不重视的个人或企业却比比皆是。

【小故事】

周剑峰忙碌的一天

某家建材公司的业务主管周剑峰，是个忙忙碌碌的人。他每天都像个不停旋转的陀螺，总是神经绷得紧紧的，似乎时间总不够用，一周七天，他恨不得上八天班来解决问题，每天晚上基本都是八点以后才下班。

这样的拼命和紧张，给了一份时时会让他崩溃的工作，也给了他一个日渐疏离的家庭。周剑峰的妻子对他常常没完没了的加班表示不满。孩子也因为不能和他有更多的时间相处而与他形同陌路。他陷入无尽的苦恼中。

像周剑峰这样的人在现实生活中随处可见，他们一天到晚忙忙碌碌，似乎有做不完的工作。难道说，真的就是这样吗？其实不然，引起这种结果的原因，只是在于他们对工作缺乏计划，没有制订出一张合理的工作时间表。

工作无序，没有条理，必然浪费时间。

西方的一些"支配时间专家"，运用电子计算机做了各种测定后，为人们支配时间提出许多"合理化的建议"，其中有一条就是"整齐就是效率"。他们比喻说："木工师傅的箱子里，各种工具排列有序，不同长度的钉子分别放好，使用起来随手可得。每次收工时把工具放回固定的位置与把工具胡乱丢进箱子里所费时间相差无几，而效果却大不一样。这种工作有序性往往是一个员工走向优秀的有效方法。"

工作有序性，体现在对时间的支配上就是要有明确的目的性。很多成功人士总结出经验：如果能把自己的工作内容清楚地写出来，便是很好地进行了自我管理，就会使工作条理化，从而使个人的能力得到很大的提高。

因为，只有明确自己的工作是什么，才能认清自己工作的全貌，从全局出发观察整个工作，防止每天陷于杂乱的事务之中。

因为，只有明确工作的目的，才能正确掂量个别工作之间的不同比重，搞清工作的主要目标在什么地方，防止眉毛胡子一把抓，既虚耗了时间，又完成不了任务。

因为，只有明确自己的责任与权限范围，才能摆脱自己的工作和下级的工作、同事的工作及上级的工作间的互相扯皮和打乱仗现象。

所以，要避免工作的盲目和杂乱，就必须制订一份工作时间表，使工作能有序地进行，这样就能最有效地利用时间。

美国管理学博士在其《有效的经理》一书中写道："我赞美彻底和有条理的工作方式。一旦在某些事情上投下了心血，就可减少重复，开启更大和更佳的工作任务之门。"为了让你从忙而盲的困境中走出来，高效而轻松地做好工作，不妨采取以下一些措施：

1. 设立好每日工作的目标

每天早上，花五分钟左右的时间，用现在时态写出你的前十个目标。为此准备一个活页笔记本，在每天开始书写你的十个目标时，就把它们深深地刻在脑海里。每天书写目标，将激发你的精神力量，刺激你的大脑，使你更警觉。一天下来，你会发现机会和可能更迅速地朝你的目标移动着。

2. 针对每日的工作做好计划与安排

花几分钟，最好是前一天晚上，就做好即将来临的新一天的每一项活动的计划。

3. 安排每日工作的优先顺序

所有的时间管理、个人管理和生活管理的精髓，都取决于你在时间利用上建立适当的先后顺序的能力。

4. 每天把精力集中于最有价值的工作上

能够对最重要的任务专心致志，这一项将和其他行为准则一样，极大地促进你的成功。

5. 每日锻炼和摄入适当的营养

健康比其他任何事情都更为重要，只有拥有健康的体魄才能有效地执行计划。督促自己经常锻炼并注意饮食，你会把一生的健康和体质水平推进到可能的极致。

6. 每日学习和成长

头脑就像肌肉，如果不经常使用，就会失去它。不断地学习是在任何领域取得成功的最低要求。

闻过则改的建议：

没有计划观念、不订计划、不按计划执行，都是管理的大忌。企业组织的效率高低，首先就在于计划是否严密。没有计划，就不能把握市场行情；没有计划，就不能组织有效生产；没有计划，就不能按期交货。计划工作如此重要，而不少企业连专门编制计划的职位都不设立，只是一切跟着感觉走。这样的企业如何未雨绸缪、决胜市场，真的为它们担心。

1. 各级主管的第一职责应该就是订计划

有了计划，工作才能有条不紊地展开；有了计划，员工才能找到方向；有了计划，业绩的好坏才有检验的尺度。

　　2. 计划是个纲，纲举目张

　　企业管理人员应该把订计划当作一门重要的功课来学，并且学以致用，企业提高效率才有保障。

浪费有限的工作时间

　　有些人在工作中感觉有很多事要做，但其实又没做什么，感觉像只无头苍蝇，把自己搞得很累却又没啥大的收获。

　　如果每天都很卖力地工作，但总觉得时间不够用，还是建议你先停下脚步，去思考哪里出了问题，是"什么"在偷走你们的时间呢？

　　下面我们先来看一下一位网友对浪费时间的一个心得。这位网友介绍道，他已经习惯了下面三个习惯，因为这些习惯，让他做着貌似有用、实则无用的额外工作，时间被心安理得地浪费，懒惰与拖沓在不知不觉中培养起来。这是一个正反馈，同时又是一个恶性循环！

　　1. 习惯性的网上闲逛

　　比如，想写一篇博客很久了，名字都想好了，叫《技术与能力的关系》，内容也仔细考虑过，认为通过将技术水平与实际应用做个比较就是个很好的例子。于是打开浏览器，打开博客，写好题目，然后不知怎的点开了 Chrome 的一个空白页面，上面有我访问过的那些网页，如豆瓣、新浪微博、LinkedIn、GReader、Gmail 等，于是，又一个一个点开来，看看有没有给我的消息，再看看好友们有啥更新。一圈轮下来，已经过了些时候了，想最先看的那个又有什么更新。好吧，已经进入死循环了。

　　这是一种逃避，浪费自己的时间，培养自己的懒散，是多么愚蠢的一种投资啊！

　　有个解释挺好听的，就是时刻关注业界趋势，了解最新技术，开阔眼界。嗯，蛮有道理的，但你能说说今天你花了几个小时，从那些网页上获得了哪些有价值的信息、有帮助的知识？哦，也许你转了几篇蛮有技术含量的文章，但你看了吗？你看懂了吗？

　　显然，对我来讲，没有从中得到太多有意义的收获。

　　总结：为了避免强制灌输信息，不掺和如 SNS 类的工具，除了 twitter，但是也有条件：只关注一些发布靠谱信息的技术人，只发布靠谱信息的 twitter，而且默认消息接收是关闭的，不会被动地接收，而是在自己需要的时候主动去查看。

2. 无意识的开电脑，开浏览器

曾几何时，回家打开电脑就跟进门脱鞋一样变得如此的理所当然，如此的无意识，当然，更别说开电脑后打开浏览器了。我们成了电脑、浏览器的奴隶，而完全忘了电脑只是个工具，我们用它，只是为了完成某个工作，比如写篇博客，比如要实现一个算法，或者读一篇文章，等等。

让开电脑、开浏览器这件事变得有意识，变得更加有目的性，就能减少许多不必要的时间浪费，还能节约能源。

总结：打开电脑前，先列出你要完成的事的计划，完成后就关掉！

3. 一次试图做多件事

你会一下子点开好几个网页吗，然后晕头转向地在这之间切换吗？这是很典型的南辕北辙的例子，想加快速度，结果却截然相反；这和读书、学技术是类似的，想试图一下子读好几本书，掌握好几个方面的技术，结果却必然适得其反。

一次试图做多件事是很不靠谱的，明白这件事不难，难的是如何控制住那种"圆满"的诱惑。

有舍才有得，不舍会一无所得！

总结：一次只做一件事，从一次只读一本书开始！

人，大可不必那样忙

张凯是利用时间的楷模，从来不浪费一秒钟的时间，只要时间允许，就一定在拼命工作。所有知道张凯的人都在说："看，张凯真是太会珍惜时间了！"很多人都知道，为了能成为一名建筑师，张凯拼命地想要抓住每一秒钟的时间。

每天，张凯把大量的时间用在设计和研究上，除此之外，他还负责很多方面的事务，每个人都知道他是个大忙人。张凯风尘仆仆地从一个地方赶到另一个地方，因为他太负责了，以至于不放心任何人，每一个工作都要自己亲自参与了才放心。时间长了，张凯自己也感觉到很累。

其实，在张凯的时间里，有很大一部分时间都浪费在管其他乱七八糟的事情上，无形中大大增加了自己的工作量。

有人问张凯："为什么你的时间总是显得不够用呢？"他笑着说："因为我要管的事情太多了！"

后来，一位学者见张凯整天忙得晕头转向，但仍然没有取得令人骄傲的成绩时，便语重心长地对他说："人，大可不必那样忙！"

"人，大可不必那样忙！"这句话给了张凯很大的启发，在听到这句话的一瞬间他醒悟了，发现自己虽然整天都在忙，但所做的真正有价值的事实在是太少了！这样做，对实现自己的目标不仅没有帮助，反而限制了自己的发展。

事实证明，要提高公司的执行力就必须加强公司的时间管理。在很多的公司中，员工对上述这些浪费时间的事例并不陌生，甚至还可以给这个清单再添加点别的事项，说明自己工作时是如何浪费时间的。如果是这样，说明员工已经在工作中浪费很多时间了。要想做一个成功的职业人才，必须解决浪费时间的问题。每个人的时间都掌握在自己手上，全天下除了自己之外，没有人能够为你解决浪费时间的问题。你若想铲除浪费时间的根源，就要把你时间里头的"枝芽"摘除掉，把养分——精力和注意力灌溉给会结出果实的主干。只有这样，才能提高自己的工作效率，享受成功的果实。

成功的企业家在杜绝了时间浪费的行为习惯后，是如何最大限度地有效运用时间、抓紧时间并掌控时间的呢？实际上，成功者管理时间、利用时间的方式，并没有什么了不起，他们只不过做到了以下三条而已：

（1）变"闲暇"为"不闲"；（2）凡事分清轻重缓急；（3）预先规划。

凡在工作中表现出色并得到老板赏识的员工，都有一个促使他们取得成功的好习惯：变"闲暇"为"不闲"，也就是抓住工作时间的分分秒秒，不图清闲，不贪暂时的安逸。

高效利用时间是有效执行计划的一个具体表现，也是成为一个合格员工的前提条件。时间是由"秒"累积成"分"的，用"分"计算时间的人，比用"时"来计算时间的人，时间多59倍。所以，善于利用零星时间的员工，总会做出更大的成绩来。

闻过则改的建议：

下面列举了八个最容易浪费工作时间的误区，请你对照并努力改正。

1. 拖延

工作时像一只蜗牛慢慢吞吞，在接到任务后，总是高估自己的执行力，总觉得那个一会儿就能做好，放一放再做。结果到了下班时间也没有做完，不停地拖拖拖，导致恶性循环。

2. 不会休息

很多人都不会休息，加班已经成为常态，熬

夜更是家常便饭。导致这一坏习惯的原因有很多，但是有一条是最为普遍的：内心的真正追求没有被满足。所以，通过熬夜来实现未被满足的需求。结果即使加班至深夜，做出的东西也未必是想要的。

3. 注意力不集中

经常忘记自己要去做什么，例如：本来是去查一下昨天的记录表格，结果被一篇有趣的文章吸引。注意力不集中，主要表现为经常不能专注于做一件事情。

4. 纠结症患者

在一些细节上过分纠结，例如：为了一个文案的配图而纠结，从而占用大量时间，导致文案的前半部分很精美，而后面的图片极有违和感。

5. 不分主次

通常眉毛胡子一把抓，做事不分主次，一直按照自己的喜好工作，导致一些普通的工作都变得紧急，而紧急的工作又没有做。

6. 不做工作计划

每天上班前，应主动针对当日工作做一个计划，如果可以列一个清单那就更好。例如：

（1）完成×××方案并上交（重要）；

（2）十一点前交本季度报告；

（3）下午两点开会；

（4）处理OA系统中的几个事情。

7. 没有时间观念

很多人没有时间观念，上班迟到，开会迟到，不能在规定时间内上交工作成果，更没有记录时间的习惯。其实合理记录时间，并学会分析时间不仅可以节约时间还可以提高工作效率。

你可以这样做：

（1）记录时间（把即将做的事情记录下来）；

（2）分析并管理时间；

（3）统一安排时间。

8. 不会说"NO"

来事不拒，把自己忙成狗。有的人是因为不好意思拒绝别人；而有的人是不会说"NO"，因为在他们的潜意识层面特别期待获得别人的认可，因此对于不会说"NO"的伙伴，需要学习的不仅是如何说"NO"，更要学习自我认同。对于不好意思说"NO"的伙伴，笔者只能希望你善待自己。

职场人经常性的加班、熬夜虽然也是一个人

敬业的表现，但是从中也透出工作效率不高的信号。当今社会拼的是速度，如果你还沉浸在这样的工作氛围中，前途有点危机哦。

不担责——不是我的错

　　责任就是社会、集体或个人赋予个人所规定的、强制性的价值要求，这种价值要求就是个人必须按照价值观要求和"最大价值率法则"，处理有关价值的事物。同时责任感也是意志力的一种体现。

　　一个人如果没有责任感，会在各方面出问题；如果一味转移责任，不担责，则注定会使自己越来越走向社会的反面，为社会所不容。

把自己的过失推给别人

是人总会犯错误，特别是承担工作时更会犯错误，但重要的是有没有发现自己的过错，并及时去改正。这不仅是为了现在，更是为了使将来的自己更加完美。虽说有些过错已成过去，但如果不改正，就会一点一点堆积起来，会越变越大。

有时，阻碍我们个人前进的并不一定是一个巨大的绊脚石，可能是鞋里的一粒沙。它很渺小，不值得一提，却阻碍了我们前进的步伐。这就如小错一般，如果不及时改正就会铸成我们人生的大错。过错并不可怕，主要看用什么心态去面对它，不同的心态，结果也不同。只要以乐观的心态去面对，并且勇于承认，加以改正，就会以成功者的姿态走在人生的道路上。同时，我们不能骄傲，要不断寻找自己的缺点，在事情上我们要谨行，在情理上我们要改正自己不正确的想法，在心理上我们要从根本上去除缺点。

"一日无过可改，则一日无步可进。"不要让过错遮住了自己的内心，要及时改正自己的过错，不能让那些过错打倒自己。

【小故事】

不想承担失误的后果

某公司的财务人员张敏，有一次在做工资表时，给一个请病假的员工定了个全薪，忘了扣除他请假那些天的工资。事后她发现了这个问题，于是她找到这名员工，告诉那名员工下个月要把多给的钱扣除。但是这名员工说自己手头正紧，请求延期扣除。

可是这么做的话，张敏就必须向老板请示。她知道，老板知道这件事后一定会非常不高兴的。她想这混乱的局面都是自己造成的，要是让老板知道了，自己肯定没有好果子吃，于是她想了一个不用承担责任的办法。

张敏找了一个机会，对老板说由于人事部门的疏忽，没有扣除一个员工请假该扣的工资。她还指责本部门的同事粗心，也没有发现这一问题。老板听了十分生气，说："我对你们这样工作感到非常失望，你们应该为自己的错误负责。更让我失望的是你对自己责任的推脱，下个月你辞职吧！"

"人非圣贤，孰能无过？"犯错对我们来说是无法避免的。在工作中，犯了错误很正常，也不用怕，关键是对待错误的态度。面对过错，有些人由于害怕老板的责罚而隐瞒错误，找各种借口推卸责任，如"这个电脑不好使，所以才会出这样的错……""他们不配合……""时间太紧张……"。这种态度非常不好，是极其不负责任的。

当我们犯了错的时候，应该勇敢地面对它，不要试图逃避自己应承担的责任，而应大胆地说："对不起，这是我的错，我会想方设法弥补这一过失，请相信我！"

无论你做错了什么，只要敢于承认错误、承担责任，采取措施弥补，你还是可以成功的。隐瞒和推脱只会使你的处境更加困难，情况更加糟糕。

承认错误，承担责任，也是每一个员工应有的敬业精神。能够担负责任的人，是能够被委以重任的。正确对待错误也是做人应该具备的最起码的品德。也许你存有侥幸心理，想蒙混过关，但世上没有不透风的墙，已经犯下的错误迟早会被发现，到那时你的错误就会因推卸责任、欺瞒别人而更加严重，受损失的最终是你自己。因此，应该在一开始的时候就勇敢地面对错误，承担责任。这样你才会吸取教训，从失败中学习和成长。

任何一个老板都知道：一个敢于承认错误、勇于承担责任的人是值得信赖和可以重用的。

从故事到分析，可以让我们明白一个道理，那就是工作中出现错误时，不能推卸责任，而应该按照下面的四种方法去做：

1. 要有勇气

犯错后推卸责任的根本原因，大多是缺乏坦白的勇气。只要鼓足勇气，踏出认错的第一步，就一定会坚定地承担起自己应负的责任，并努力地改正。

2. 要及时承认

承认错误要及时，若由于你的推诿给别人造成伤害，再去承认就为时已晚。

3. 不要有侥幸心理

侥幸心理每个人都有，天下事一错再错的根本原因也是人们存在这种心理。面对自己的错误，抛弃侥幸心理，勇敢负责，才是最终解决问题的方法。

4. 培养坦荡的胸怀

"君子坦荡荡，小人长戚戚。"拥有坦荡的胸怀，就能做一个职场上的君子，获得别人的敬重。

闻过则改的建议：

"知错能改，善莫大焉。"每一个人都有对未来的追求及对理想的渴望，追求自己的梦想固然重要，但我们要敢于发现并改正我们的过错，不要以为犯下的过错没有人知道。"闪光的东西不一定是金子，动听的言语不一定是好话。"这句话蕴含的深刻含义我们要谨记。别人并不是没有发现我们的过错，只是与他们无关，他们不关心罢了。在生活中，只有父母、长辈会指出我们的缺点，并让我们改正。只有他们会为了让我们改正错误而把道理讲了一遍又一遍，直到我们改正为止。我们有时会嫌他们唠唠叨叨，却不知他们为我们的成长操碎了心。

而今天的我们面对过错，应该有羞耻之心、敬畏之心、勇敢之心，方能阻止过错的发生。面对父母，我们应该说一句："对不起！"并且我们应该迅速成长起来，让他们感到欣慰。

事事以自我为中心

人总是有私心的，不愿舍弃个人的利益既是一个普通人的权利也符合人性。但公司集体是属于大家的，只有保障了公司集体的利益，个人的利益才能得到保障，所以当两者发生冲突时，应该牺牲个人利益。"大河有水小河满"就是用来形象地阐述这个道理的。

　　一个人要想在事业上做出一番不俗的成就，就必须学会以公司的集体利益为首要考虑的对象，将公司当成"家"，将公司的利益视为"自己的利益"。如果仅仅把公司视为一个"发工资"的地方，事事以自我为中心，那是很难赢得老板的赏识和重视的。

【小故事】

又不是自己的公司

　　某城市有一个码头，这个码头上的工人很多，常诚和他哥哥就在这个码头的一个公司的仓库里为这个公司缝补篷布。常诚能吃苦，也很能干，做的活儿非常精细，当他看到丢弃的线头、碎布就会随手捡起来，留做备用，好像这个公司是他自己开的一样。

　　一天夜里，突然下起了大雨，常诚从床上爬起来，拿起手电筒就冲进大雨中，直奔仓库。哥哥劝他说公司是老板的，又不是自己的，何必那么卖命，可他就是不听，气得哥哥骂他是个傻蛋。

　　在露天仓库里，常诚察看了一个又一个货堆，加固被风掀起的篷布。这时候老板也不放心正好开车过来，只见常诚已经被雨淋得全身湿透了。

　　看着完好无损的货物，老板当场表示要给常诚加薪。

常诚说："不用了，我只是想看看我缝补的篷布是否结实，再说，我就住在仓库旁，顺便看看货物只不过是举手之劳。"

老板见他如此敬业，如此有责任心，就让他当主管。

常诚的哥哥知道弟弟升职了，就跑来说："给我找一个好一点的差事干干。"常诚深知哥哥的个性，就说："你不行。"哥哥说："你是我的亲弟弟，为什么不帮我？"常诚说："因为你不会把活当成是自己家的事干。"

哥哥说他："你真傻，这又不是你自己的公司。"临走时，哥哥说常诚没良心，不料常诚却说："只有和老板站在一起，把公司当成是自己开的公司，才能把事情干好，才算有良心。"

几年后，常诚成了一家公司的经理，他哥哥却还在码头上替人缝补篷布。

在竞争激烈的职场，谋求个人利益是天经地义的。遗憾的是许多人没有意识到个人利益与忠诚和敬业并不是对立的，而是相辅相成的。于是，他们以消极懈怠的姿态对待工作，频繁跳槽，觉得自己工作是在出卖劳动力；他们蔑视敬业精神，嘲讽忠诚，将其视为老板盘剥、愚弄员工的手段。他们认为自己之所以工作，是因为迫于生计。最终，他们也在这种心态中走向平庸。

　　为了公司的利益，每个老板只会保留那些最佳的职员，即那些能够"把信送给加西亚"的人。那些最佳的员工，能够忠实地完成老板交付的任务而没有任何借口和抱怨。同样，也是为了自己的利益，每个员工都应该意识到自己与公司的利益是一致的，并全力以赴地努力去工作。只有这样，才能获得老板的信任，并最终获得自己的利益。

　　自然界中有很多共生现象。比如说豆科植物的根瘤菌，它自身具有固氮的作用，为豆科植物提供了丰富的营养，同时它又可以借助豆科植物获得生存的空间。老板与员工的关系和这种共生现象有异曲同工之妙。从社会学的角度讲，老板和员工也是共生的关系。没有老板，员工就失去了赖以谋生的就业机会；而没有了员工，老板想追求利润最大化也只能是镜中花、水中月。在一个有着卓越的企业文化和完善的激励机制的公司中，员工在享受着老板提供的优厚待遇的同时，也会为老板着想，积极为公司未来的发展出谋划策，努力工作。即使公司一时遇到困难，员工也会与老板同舟共济，渡过难关。每个人都应该明白，只有上下齐心协力，才能使公司在激烈的竞争中立于不败之地，在老板赚取利润的同时，员工的利益才能得到持久的保障。

闻过则改的建议：

现在的公司之间的竞争越来越激烈，如果员工和老板之间彼此针锋相对，互不谅解，自然无暇抵抗来自外部的竞争。"皮之不存，毛将焉附？"只有愚蠢的员工才会耗费大量的精力去和老板争斗，聪明优秀的员工则会不断调整自己的思路，与老板站在一起。

1. 把个人才能的发挥和公司的发展联系在一起

员工个人才华的有效发挥越来越离不开老板。只有在企业中找到适合自己的工作平台，才能尽可能地施展出自己的专长。

2. 投入最大的忠诚

一个员工的忠诚度与其职场的发展高度有着十分密切的关系。以最大的忠诚对待公司，就会和老板保持高度的一致，共同为公司的发展竭尽全力。

工作态度消极的员工

员工的消极工作态度是指员工在工作中通过经验积累而形成的对工作所持有的稳定的消极的评价与行

为倾向。它让员工工作投入不足、工作绩效降低，表现出一些消极行为，如：离职、缺勤、迟到、早退、偷懒、破坏工作秩序、员工关系紧张、暴力行为、偷窃行为等。员工消极工作态度的转变是指管理人员把员工消极的工作态度转变成积极的工作态度及把员工较强的消极工作态度转变为较弱的消极工作态度的过程。员工消极工作态度的转变有助于提高员工的工作绩效，使员工做出企业所期望的积极行为。企业员工是企业创造价值的最基本力量，企业员工对企业的认识与贡献是成正比的，企业员工的工作态度、工作环境、工作内容直接影响到他们的工作收入水平与生活质量。工作态度消极的员工不仅影响本人，也将直接影响周围人的工作态度。

【小故事】

老木匠的房子

从前有一个独具匠心的老木匠，受雇于一个老板，老木匠凭着精湛的手艺，深得老板的青睐，忙碌一辈子的木匠年岁已高，准备退休和妻子回家颐养天年，便向老板说明了自己的想法。老板听了后很是舍不得，就请老木匠为他做最后一件事，并表示就当是帮他个人的忙吧！

　　老木匠很不情愿，这一次他干活全然没有以前的那种尽心尽力的劲了，在做工过程中，他偷工减料，马虎了事……时间不长，老木匠草草完成了老板交给的任务。

　　当老板看到老木匠造的木房子时，老板却对他说："你为我干了一辈子的活儿，为了回报你的努力，我把你最后建造的这所房子送给你，算是给你一生勤恳工作的奖励吧！"

　　老木匠这时才后悔自己当初没能尽心尽力建这所房子，以后不得不每天住在这所粗制滥造的房子里，悔恨终身。

　　这个故事的结局让人感到遗憾。老板对老木匠的工作非常满意，诚心诚意想送一份礼物给他，而最后老木匠给自己的却是那么一份心酸的礼物。或许老木匠将悔恨终身，恨的是自己最后工作态度的消极至极。

　　有些年轻的员工对待工作的时候，总是抱着过一天是一天的态度，消极应对，想着只要把这一天糊弄过去就好了，做得再好又有什么用呢？对照这个故事仔细想想，你会明白这种态度是对自己人生的极度不负责任，一个人的生活是一生唯一的创作，而且从来没有第二次建设的可能，所以一定要认认真真地去活着，建造自己的人生。

要么不做，要做就要做得够好。其实每一个人在给别人做事的同时，也是在磨炼自己，只有努力把事情做得更好的人，才能成功。只有对自己的人生负责的人，才能成功。

不要学这个老木匠，而是要认真对待工作里的每一个任务，不要因为粗心与敷衍造成终身的遗憾与悔恨。不然，有一天你也会吃惊地发现，你将不得不住在自己建的粗制滥造的房子里。

下面我们先了解一下影响员工消极工作态度转变的几个因素。

1. 人际因素

员工在企业中工作和生活，其上级、下级、同级、客户及与之交往的其他人员的观点、意见、态度，尤其是具有权威的上级、关系密切的同事及企业中非正式组织中的领导，他们对员工消极工作态度的转变有重要的影响。

2. 企业内部的信息沟通

企业内部的信息沟通是影响员工消极工作态度转变的一个重要因素。员工消极工作态度的形成，有时是因为员工对工作的重要性或工作与自己的关系的认识不够，甚至是因为员工对工作本身及与工作相关的一些因素产生误解。通过企业内部的信息沟通有助于员工对工作有一个全面的、正确的认识，这对改变员工消极工作态度结构中的认知成分具有重要影响。

3. 企业文化

企业文化是指一个企业内形成的独特的文化现象、价值观念、历史传统、习惯、作风、价值准则、道德观念和生产观念，通过这些文化，企业内部各种力量统一于共同的指导思想和经营哲学下。企业文化对员工起着潜移默化的作用，员工的工作态度会受到企业文化的影响和制约，作为企业的一员必须维护和遵守企业的规章制度、价值观念、道德观念等企业文化。

4. 员工对工作已有的认知程度

如果员工消极工作态度是在对工作认知全面、深刻的基础上形成的，那么员工消极工作态度的转变就很困难，也就是说员工消极工作态度转变的难易程度与员工形成消极工作态度时对工作的认知程度成正比。

5. 员工的需要

如果员工消极工作态度能满足员工的需要，并能消除由行为的内驱力引起的紧张状态，则员工消极工作态度的转变比较困难。然而员工的需要是随时间和情境的变化而发生变化的，若员工消极工作态度不能满足员工的需求，员工会试图转变工作态度来满足自己的需求。当员工意识到转变消极工作态度能够满足自己的需要时，员工会努力转变自己的消极工作态度。

6.员工的个性心理特征

员工的气质和性格对员工消极工作态度的转变有重要的影响。一般认为胆汁质、多血质的员工消极工作态度的转变比较容易，而黏液质、忧郁质的员工消极工作态度的转变较难；性格外向的员工比性格内向的员工消极工作态度转变更容易些。从众心理强、易受暗示的员工消极工作态度容易转变。

了解到员工消极工作态度的影响因素，接下来介绍一下转变员工消极工作态度的方法。

1.参与实践法

员工通过参与工作实践，在实践中不断地认识、了解工作，从工作中得到启发和教育进而转变消极工作态度。深入员工们的活动中，体验他们的生活，倾听他们的呼声；在管理中，可以通过让员工参与管理工作过程、让员工提出合理化建议等途径使他们的消极工作态度得到转变。

2.强化法

态度是对环境刺激的一种反应。当员工由于消极工作态度而产生消极行为时，可对他们的行为进行负强化，如批评、罚款、停职、降级等，改变他们的不良行为，进而转变他们的工作态度。当他们在转变消极工作态度的过程中出现企业所期望的优良行为时，企业应及时实施正强化，如奖金、晋升、表扬、认同等。

3.目标导向法

员工消极工作态度的产生有时是因为管理者未能把工作目标与员工的切身利益联系起来。要把消极工作态度转变为积极工作态度，要求管理者善于把工作目标转化为员工积极态度的对象，即要把工作目标和员工的切身利益联系起来，使他们在评价工作目标时能形成好的印象，从而使之成为自己的主观需要进而形成积极的态度。例如：把报酬系统与个人或团队的绩效紧密联系在一起。另外，一些具有成就动机的员工形成消极工作态度是因为工作目标定得太低，为这类员工设置具有挑战性的工作目标则是转变他们消极工作态度的较好途径之一。

4.宣传教育法

企业应重视利用企业文化来教育员工，陶冶员工的情操。这样可以帮助员工对企业形成正确的认识，改变对工作的错误看法，有助于员工消极工作态度的转变。对于一些容易诱导员工形成消极工作态度的人、物、制度和观念，则应把它们的弊端及其危害性讲清讲透，使每位员工意识到这些不良因素都会影响自己的个人利益，从而寻找和形成积极的态度来替代它们。这里需要注意的问题是宣传教育的手段和方法，要能让员工接受，否则就会事倍功半。

5.榜样示范法

由于员工消极工作态度的转变受人际因素的影响，在企业中树立一些有血有肉的、爱岗敬业的先进榜样，对员工消极工作态度的转变很有帮助。企业应该通过各种渠道使员工了解先进人物的思想、情感和行为，使员工的内心深处受到触动，促使他们对工作重新进行审视。企业在选择榜样时一定要注意榜样的代表性、先进性、科学性和真实性，否则会带来适得其反的效果。上述方法对那些从众心理较强、易受暗示的员工尤其适用。

6.恳谈法

通过多次恳谈的方法逐渐向具有消极工作态度的员工提出转变的要求，有助于员工态度的转变。要转变员工消极工作态度，不能操之过急。如果要求过高，不但难以使其转变态度，反而会使原来的态度更加坚定。通过多次恳谈，分阶段、逐步提出要求，比较容易转变员工消极工作态度。

7.信息沟通法

员工消极工作态度有时是企业内部信息沟通不畅造成的,这时企业内部信息沟通对员工消极工作态度的转变会起到重要的作用。员工消极工作态度转变的效果与信息沟通的效果相关。在转变员工消极工作态度的过程中,影响信息沟通效果的因素有沟通者、沟通内容、沟通对象,因此在使用这种方法时应先对他们进行一定的研究。

爱"踢皮球"的员工

在职场中,常常能听到这样的话,"这不归我管""我尽力而为吧""我很忙,实在没时间想那么多""经理,我们试过了,没办法"。其实很多时候的很多事,并不是你不会做、没办法做,而只是不想对做事的结果负责。因为负责就意味着付出,付出就意味着会多占用自己的时间、精力,当这些付出得不到明确的回报时,很多人就不愿去负责,"踢皮球"指的就是这种现象。

在下属员工中,可能有人很擅长将任务踢回,而

"踢皮球"就是不称职

某建筑企业的张总，刚一上任就遇到了麻烦：许多下属不断地向他提出一些他们本可以解决的问题，公司大事小情都堆到他这里，搅得他根本无法工作。他明白，这些下属的行为是被前任老板惯坏的，因而耐着性子允许这种情况持续了数日，而后便采取了行动。他分别将下属叫到办公室，郑重地告诉他们，在公司内部，每个人都有自己固定的岗位和职责，该谁负责的工作就由谁负责，不能越权，也不能"踢皮球"。今后如果再发现"踢皮球"的员工，按不称职处理。这一招果然很灵，自此再也没有"踢皮球"现象了。

这样的员工往往最不讨人喜欢，看上去他们非常支持你的工作，但不知不觉中，他们把你交给他们的任务部分或全部地踢回给了你。员工踢回任务的形式有多种，当你向员工下达某项任务时，他们可能说："你负责……怎么样？"也可能会说："我想，这件事如果由你而不是我这个小兵去联系，对方可能会更加满意。"这些是比较隐蔽的"踢皮球"做法。也可能有人这样说："我正在和负责这个项目的人闹别扭，他不会回我的电话的，你是否能打个电话，给他一点颜色？"这样你就自觉或不自觉地接受了员工踢回给你的任务。

对于那些喜欢"踢皮球"的员工，你要委婉而坚决地拒绝，平静地把员工踢回的任务交还给他。即使你觉察到员工的隐蔽请求，也要向他们说明你真的需要他们来做这些工作。你要善于明辨员工是推卸任务还是真心求援，对于那些真心求援的员工，要用你的智慧帮助他们找到解决问题的方法，或提议让另一员工协助解决。而对于那些有意"踢皮球"的员工，一定要戳穿他们推卸任务的企图。如果能让员工经常得到独立完成任务的锻炼机会，他们就不会再"踢皮球"了。

工作中"踢皮球"的现象在任何一个单位都有可能发生。员工"踢皮球"的原因不外乎两种：一是前任老板"事必躬亲式"的工作方法，使员工养成了不良的工作习惯；二是员工缺乏责任感，压根儿不想完成上级交给的任务。对前者要予以教育，使其提高工作的自主性；对后者则应给予严厉的批评，帮助他们摒除不负责任或逃避责任的恶习。

当你发觉员工无精打采、缺乏进取心、没有责任感时，你应设法加以改善，以免他们影响其他员工的工作情绪。这类员工的最大特征是认为"即使工作做得不好，但因为是新人，故可原谅"，且该做的事常会忘记去做，缺乏责任感。

一般来讲，对付缺乏责任感的员工，领导可与他一起处理该项工作，到一定时间再完全交由他们去做。不能抱着博彩的心理，对他们的工作表现要予以正视。针对善辩的员工，可要求他们提出建议。

有不少员工抱着"得过且过"的交差式工作态度，他们对工作缺乏进取心。领导们便应让他们见识一下别人的优秀表现，在他们面前提到能干的员工，借以激励他们的上进心。

一些员工做事漫不经心，领导应抓住他们的一点过失，对其进行教育，再予以指导，以自己的经验来加以引导。

面对一些无动于衷的职员，领导可在适当的场合，对他们加以劝导，甚至指责，若任何方法都没有效果，放弃也不算失职。

在韩国，对三星公司的员工有一种称呼，叫"三星人"，这种叫法在很长一段时间内是独一无二的，其他公司就没有被称作"什么什么人"的，而这种称呼正体现了三星一种独特的企业管理思想。三星中国公司不但秉承了三星公司的管理思想，同时又有自己的特色。现在用这种称呼方法的企业也越来越多。

在一个企业中，每个人都有自己的角色，或者是员工，或者是主管，或者是高级经理，是什么支撑他们尽职尽责、加班加点地工作呢？通常认为答案是工资、奖金和福利。

而在三星，从前台到高级经理，每个人拿的都是年薪，也就是说，所有员工每年拿的都是一个固定数字的薪酬，没有加班费也没有奖金，而年薪的等级和数量是一年考评一次，调整一次。

那么，是什么让员工不偷懒，让他们兢兢业业地做好自己的工作呢？三星有其独特的方法。正如在一个家庭中，每个人也都有一个角色，或者是丈夫（妻子），或者是儿女，或者是父母，是什么支撑他们为自己的家庭操劳，无怨无悔地投入和付出呢？是金钱吗？肯定不是，答案是爱与责任。

这就是三星管理的核心思想，依靠责任感而不是金钱来激励员工工作。

三星是如何使员工具有这种责任感的呢？与责任感相对应的必然是"爱"与"信任"。

三星对员工的"爱"与"信任"在许多细节上都可以体现出来。在这里，员工上下班无须打卡，完全凭自觉，如果是早上 8 点来的，那就 5 点下班；如果是 9 点来的，那就 6 点下班；如果早上塞车来晚了一会，那下班的时候就自觉晚走一会。在年终评定成绩的时候，没有那种残酷的硬指标的"末位淘汰制"，如果所有员工在上一年表现都很优秀，那就一个也不淘汰。

一旦出现了一些"责任心不强"的员工，三星也不会立即解聘他，而是主要通过教育劝导来使他改正。"即使是一些孩子有坏习惯或是犯了一些错误，家长也不会轻易说不要他们，最主要的还是让他们认识到自己的错误"，这也是三星"家文化"的一种体现。

如何判断一个人是否具有责任心？一位人力资源经理这样说："了解一个人的性格特点可能从我给他打电话时就开始了，他接电话时的语气就能反映一个人的情绪和性格；还有他面试时的肢体语言，面试迟到时的解释，包括对前台的态度等，都能看出一个人的性格。因为一个人是否有责任心不是表现在一个方面，而是体现在许多细节上。比如：我在打电话通知某人来公司面试的时候，从他应答的细节就可以看出此人是否有责任心。如果他仍然在原公司供职，而我通知他面试时间的时候，他表示手头有工作，希望更改面试时间，那么这个人基本上就是一个比较有责任心的人，因为在他即使马上要辞去原来工作的时候，仍然秉持对工作认真负责的态度。"

闻过则改的建议：

第一，要从根本上医治"踢皮球"的顽疾，必须强化责任意识。员工习惯于"踢皮球"的最根本原因是责任意识淡薄，畏难情绪严重。要强化其责任意识。第二，要充分授权，面对不同的任务给予适当的人力、物力和财力支持；要明确工作内容和范围，限定完成任务的时间，不留回旋的余地。第三，要实时跟踪，加强督查，及时帮助解决遇到的困难。第四，要赏罚分明，不给"踢皮球"者藏身之地。强化了责任意识，团队的凝聚力、执行力和竞争力就会得到加强，问题就会迎刃而解。

常抱怨——抱怨成常态

抱怨没有用，一切靠自己！坚持、坚持、坚持下去，你的梦想就一定会达成！

生活中不缺抱怨的素材，抱怨只能带来更多的负能量，但无益于事情的解决和处理。

磨灭了激情和信念

　　激情，是一种责任。尤其是在我们平凡的工作岗位上，日复一日，更需要一种激情去支撑工作。笔者曾遇到一位企业高管对他的下属提出关于激情的要求："不论年龄大小、职务高低，干工作得有激情，有激情就会感染到我们周边的成员。我们走到哪里、在什么岗位上，都要精神抖擞、充满激情，这种激情会感染大家。有了工作激情，责任心就会变强，工作效率也会提高，这样就体现出一种很高的职业素养。"相反，在日常工作中，我们经常能接触到一些员工缺少工作激情，这样工作就变得乏味、单调，自然就严重影响到工作的绩效。

　　此事让她受益匪浅。它不仅使左雨欣成为一名更优

【小故事】

激情带领人的成长

　　左雨欣在一家咨询公司做了 16 年。她为什么能坚持这么久呢？因为她是一个激情澎湃的人，一旦接触某份工作，就会觉得这份工作比其他任何工作都伟大，人生

最精彩的时间就是现在。左雨欣是公司最勤奋的人之一，除了睡觉，几乎都在工作，她是单位"早上去得最早，晚上走得最晚的人"。左雨欣太重视工作，因堵车迟到就会有"负罪感"，"带来的工作效益不一定很多，但有些就是改不掉"。左雨欣以自己的激情给员工示范。

和大多数人不一样，左雨欣在上中学和大学期间就做过许多工作。她修理过自行车（后来被解雇了），挨家挨户卖过词典。有一年，整整一个夏天，她都在收集一场选秀比赛开始前预订出去但未收上钱的票，而那些票是一些中年人在推销员甜言蜜语的劝说下订下的，他们根本无意去观看。左雨欣还做过数学家庭教师、书店收银员、房地产销售员。为了读完大学，她还替别人打扫院子，整理房间。

这些工作大部分都很简单，左雨欣一度认为它们都是下贱而廉价的工作。"后来，我知道自己错了。这些工作潜移默化地给予我宝贵的教诲和经验，无论在什么样的工作环境中，也不管什么工作，我都从中学会了不少东西。"

拿书店的工作来说吧，左雨欣自认为是一个好雇员，做了自己应该做的事——记录顾客的购书款。然而有一天，当她正在和一个同事闲聊时，经理走了进来，环顾四周，然后示意左雨欣跟着他。他一句话也没有说就开始动手整理那些订出去的商品；然后他又走到存货区，开始清理柜台，将购物车清空。

左雨欣惊讶地看着这一切，仿佛过了很久才醒悟过来。他希望左雨欣和他一起做这些事！左雨欣之所以惊诧万分，不是因为这是一项新任务，而是意味着他要一直这样做下去。可是，以前没有人告诉左雨欣要做这些事——其实现在也没有人说过。

秀的雇员，还让她从每一项工作中学到了更多的教益。

这个教益就是左雨欣要对自己的工作负责，要更上一层楼，不仅仅要做那些已经安排下来的事情。而一旦获得了这个教益，以前认为不好的工作开始变得有意思起来。左雨欣越是专注自己的工作，学到的东西和克服的困难也就越多。后来左雨欣离开那家书店去上大学，但是这种经验对她人生和事业的影响是深远的，使她从一个旁观者变成一个认真负责的人。

今天，左雨欣成为公司的一名管理者，但是她依然一如既往地发现那些需要做的事情，哪怕说起来并不是分内的事。在各种各样的工作中，左雨欣都能发现超越他人的机会，这不仅让她的雇主与众不同，也让她自己出人头地。

左雨欣在日记中这样写道："你可以不是天才，但是要有激情。当你拥有一股巨大的激情，而且工作重点非常明确的时候，你就可以变成专家了。你不断地工作，因为你有激情，因为你找到了朋友。你一旦有了工作重点，你就有了更深刻的了解，事情就变得很容易了。"

激情不仅是促进团队合作的润滑剂，还是一个人品质的另一种体现，也是幸福的源泉。可是在公司中为什么有的员工却把工作当作苦役呢？绝大多数的员工都会回答是工作太枯燥了。然而实际上问题往往是出在员工对待公司的态度上，最主要的还是出在员工自己身上。如果员工本身不能充满激情地对待自己的工作，那么即使让他们做他们喜欢的事情，时间一长，他们依然会觉得工作乏味至极。一般公司中都有过这样的员工。

有人对中国563家公司做过一个调查，结果显示：有80%的员工视工作为苦役，而且迫不及待地想要摆脱工作的桎梏。

然而，员工具有激情却是企业取得辉煌业绩的一个重要因素。当一个员工在训练中遇到挫折或失败的时候，他们绝不找借口为自己开脱——比如：说自己的身体不舒服、没有完全发挥等——而是仔细地审视自己；从不无精打采地学习、磨磨蹭蹭地训练，这些因素将决定他们在未来竞争中胜出。因此，激情对于一个员工来说就如同生命一样重要。

闻过则改的建议：

刚刚走入职场的人大多是激情满怀。然而，工作一段时间以后，新鲜劲过去了，激情也慢慢磨没了。如果工作中再碰到什么挫折，那就更不用说了。可是，又不得不强调：工作如果缺少激情，很多工作是没办法做的。打个比方，激情就是你工作的助推器。

助推器本身并不能起什么作用，但机器、设备的启动又离不开它。那么如何才能重新燃起对工作的激情呢？下面列出让工作激情重新燃起的十个要领：

（1）要记住你最先需要的工作。你当时优先考虑的是什么？你的目标在哪里？希望与梦想是什么？

（2）罗列一下你的工作及你单位和同事的积极因素。

（3）保持生活平衡。如果生活围着工作转，你的工作一定是出了问题，你会觉得你的整个生活就要分崩离析了。

（4）别灰心丧气。要把挫折当成工作的开端，而不是结束。

（5）积极自言自语。憧憬一下你的成绩。

（6）让影响不到或者控制不了的东西一边去吧。

（7）要迎头面对问题，而不是置之不理、任其自由发展。

（8）要求成为某个特别项目或者团队的参与人或者辅导人。

（9）拥抱改变，让其成为受欢迎的新挑战，不视其为可怕的东西。

（10）琢磨一下，有什么不那么昂贵但又容易的办法，能让你的工作变得温馨一些。

如果没有思想，就没有自己的思路和见解，将会人云亦云，步人后尘；如果没有激情，就没有心路历程中的内在体验，工作将会单调乏味。在工作中拥有激情，可以提高效率，可以催生创意，可以成就事业。激情工作就是全身心地投入，追求优质高效，拒绝碌碌无为；激情工作就是创造性地工作，充分挖掘自身的潜能；激情工作就是以追求卓越的心态工作，力争把事情做到最好。同时，激情工作也是一种敬业精神，倡导尽力而为、尽心而做，把同一件事情在最短的时间内做完，在同一时间内尽可能多做事情，强调的是速度，追求的是效率，体现的是雷厉风行的作风与精益求精的品质。

同事之间人际关系紧张

同事是与自己一起工作的人，与同事相处得如何，直接关系到自己的工作、事业的进步与发展。如果同事之间关系融洽、和谐，人们就会感到心情愉快，有利于工作的顺利进行，从而促进事业的发展。反之，同事关系紧张，相互拆台，经常发生争执，就会影响正常的工作和生活，阻碍事业的正常发展。因此，在工作中处理好与同事之间的人际关系往往显得非常重要。

人之初，性本善。所以我们有理由相信每一个人

【小故事】

感恩刻在石头上

穿行在沙漠中的两个人是一对好朋友。途中，两人发生了激烈争执，其中的一个人打了另外一个人一记响亮的耳光。被打耳光的人什么话也没有说，只是在沙子

上写道:"今天,我最好的朋友在我的脸上打了一耳光。"他们继续行走,终于发现了一个绿洲,两人迫不及待地跳进水中洗澡,很不幸,被打耳光的那个人深陷泥潭,眼看就要被溺死,他的朋友舍命相救,终于脱险。被救的人什么话也没有说,在石头上刻下一行字:"今天,我最好的朋友救了我的命。"打人和救人的那个人问:"我打你的时候,你记在沙子上;我救你的时候,你记在石头上,为什么?"另一个人答道:"当你有负于我的时候,我把它记在沙子上,风一吹,什么都没有了。当你有恩于我的时候,我把它记在石头上,什么时候都不会忘记。"

心中都有善良的地方。当一个人用心地记着别人对他的好,轻易地忘记别人对他的坏,那他心中永远只有美好的记忆,也就会用一颗善良的心对身边的人施以关怀和帮助。人生那么短,没有多余的精力去计较太多,记仇就意味着你要记恨一个人,你要失去一个朋友,你的关系网就要有一个破洞,这样的损失不是你再去结交一个新朋友所能填补的。

闻过则改的建议:

处在职场,我们接触的人大部分是自己的同事,妥善处理好职场上的人际关系,是职场人做好工作、健康发展的基础和前提。所以进入职场，首先要处理好的就是与人的关系。人际关系是一门复杂的学问，想要处理好，就需要做好以下几个方面的事情。

1. 尊重同事

在人际交往中，自己待人的态度往往决定了别人对自己的态度，因此，你若想获取他人的好感和尊重，首先必须尊重他人。

相互尊重是处理任何一种人际关系的基础，同事关系也不例外，同事关系不同于亲友关系，它不是以亲情为纽带的社会关系，亲友之间一时的失礼，可以用亲情来弥补，而同事之间的关系是以工作为纽带的，一旦失礼，创伤难以愈合。所以，处理好同事之间的关系，最重要的是尊重对方。

2. 对同事的困难表示关心

同事有困难，通常首先会选择向亲朋求助，但作为同事，应主动问讯，对力所能及的事应尽力帮忙。这样，会增进双方之间的感情，使关系更加融洽。

3. 不在背后议论同事的隐私

每个人都有隐私，隐私与个人的名誉密切相关，背后议论他人的隐私，会损害他人的名誉，造成双方关系的紧张甚至恶化，因而是一种不光彩的、有害的行为。

4.对自己的失误或同事间的误会，应主动道歉说明

同事之间相处，一时的失误在所难免。如果出现失误，应主动向对方道歉，征得对方的谅解；对双方的误会应主动向对方说明，不可小肚鸡肠，耿耿于怀。

5.不要把个人生活的情绪带到工作中

每个人生活中都会有麻烦，有不如意，有情绪不佳的时候，但不要把因为自己的私事而产生的不良情绪带到工作中。也不要把前一天工作中的不愉快带到第二天上班时，更不要把自己在工作中的不愉快发泄到同事的身上。

"静坐常思己过，闲谈莫论人非。"在和同事相处的过程中，要始终以此为准则。相信你会和同事相处得非常融洽。

有一句老话："团结就是力量，只要我们做什么事都齐心协力，那做什么事都会有信心。"同事之间和睦相处，应该做到平时多沟通，多一些理解与包容。大家应该换位思考，多站在别人的角度来看待问题。比如：一个团队共同完成一个任务，相

互之间交流工作进展情况，谈谈遇到哪些问题和困难，这样大家就会更全面地了解这个工作任务，群策群力，一起想办法去解决所存在的问题。慢慢团队成员之间就会有默契，关系也会得到升华。

指责是生怨的开始

在平日的工作生活中，指责和埋怨他人的话语常常会在我们耳旁萦绕。每每遇到这种情况，你需静心想一想，指责与埋怨后有没有效果？事实上，指责与埋怨不能解决任何问题！

有没有发现，我们人在外面，和陌生人、同事之间很少发生矛盾，但是常常会指责和埋怨合作伙伴，在背后评论别人的缺点。其实越是亲近的人，越不应该去指责，既然事情已经发生了，再大的责备也是于事无补了，不如考虑一下有没有什么补救措施，指责往往不如鼓励效果来的好。

当对方把很简单的事情做错后，大部分人是一顿数落，这么简单的问题都能搞错。这样的处理方式，

保持沉默的时候。

你引荐员工进入公司时，也许他会感激。但是，更多的可能是你在一种两难的处境中，把事情办得很糟。尽管他的工作能力很强，但是由于你的顾虑——万一他刚进来表现得不好，而对他的评价有所保留。结果主管对他没有足够的重视，导致他虽然进了公司，但得到的职位、待遇却不是很理想。

或者，如果他的工作能力不怎么强，但你为了好朋友能够进这个公司，在主管面前将他大肆吹嘘了一番。工作一段时间后，主管发现他的能力根本不胜任他的工作岗位。结果，主管也会对你很失望，好朋友也可能会认为，你没有在工作中帮他忙。

不管是哪一种情况，你和好朋友都可能交恶。下面以小故事的形式介绍几种情形。

【小故事】

用友情取代了规矩

自从好友小军成为小华的下属后，小华便面临这样一个困境：由于顾及好友的面子，他没法严厉地对待小军。每逢布置什么任务都是以商量的口吻和小军说。而小军也完全没有身为下属的自觉，总是在同事面前大大咧咧地对待小华，有时候碰到别的同事在工作中有什么错误，甚至会以和事佬的姿态劝小华不要小题大做。小华意识到小军的行为严重影响了他的威信乃至团队工作的效率，但他无计可施。

对于这种员工，尽量不要和他在同一个部门，这样，在工作上没有什么利益冲突，也就不容易产生矛盾。即使不得不在同一部门，为了避免不和，最好把丑话说在前头。

【小故事】

预先提醒是好方法

由于小茜为人热情，擅长交际，很快和小刘成了好朋友。但当小刘将小茜引进了自己的公司后，才发现，原来看起来浑身都是优点的小茜居然有这么多的缺点。热情变成了散漫；擅长交际，常常不顾工作结交朋友，做事情总是拖拖拉拉，不到最后一刻从不着急；爱八卦，上班的时间都用在说东家长西家短上面，也不管是不是打扰了别人的工作……作为朋友，小刘承认这些都不算什么大缺点，但是作为同事，小刘对小茜的印象越来越差，并直接影响到两人的朋友关系。

对于这种员工，善意提醒，先礼后兵。

【小故事】

及时的良好沟通是非常需要的

在一次业务会上，小金对一个项目提出了自己的方案，没想到紧接着，好朋友小高提出了另外一种方案，和他的意见恰好相左。经过一番争论之后，大家认可了小金的方案。会后，小金明显觉得小高对他有所冷淡。之后，在许多事情上，小金都能觉察出小高和自己好似在暗中较劲，以前亲密无间的朋友关系也变得怪怪的。

当仅仅是朋友时，争论一两句不会成为两人关系的障碍；然而作为同事的争论，却关系到上司的看法、个人能力优劣的比较等，往往会成为双方关系的致命伤。

对于这类员工，要加强交流沟通，有工作上的问题，可以先私下里相互讨论。这样，一方面可以使自己的想法更成熟；另一方面，也可以统一意见，即使有不同的想法，也有助于事先取得谅解，不会把同事间的相互较劲甚至明争暗斗用到相处的朋友身上。

闻过则改的建议：

即使分歧非解决不可，也有个时机问题。例如：如果你的某项工作已经面临迫在眉睫的截止时间，此时，再向你的老板提出新的棘手的问题，可能就会徒劳无益，除非提出来的问题对手头的工作非常重要，并且确实有足够的时间来解决这个问题。因此，这样的事情，等到过了截止期，人们能集中精力研究你必须说出来的问题时再提出，也许是最佳的选择方案。此外，当你自己或他人的情绪正在火头上的时候最好对分歧闭口不谈，从长远来说这是有益的。如果你跟同事刚发生争吵，你们两个人的情绪都很激动，那就等以后你们都冷静下来，能够心平气和地讨论问题的时候再安排时间交谈，因为只有在那个时候你们才能进行有实质意义的讨论而不是相互指责。但是，如果你推迟的是难度很大的交谈，一定不要无限期地推迟。否则，那些没有解决的分歧一定还会出现。

不愿正面接受上司批评

在职场的实际工作中，确实也存在一些上司不了解实际情况就胡乱批评下属的现象。作为下属，该如何正确对待批评，不是去改造上司，最根本的是要提高自己的思想、性格和处世方面的修养。"良药苦口利于病，忠言逆耳利于行"的道理谁都懂，但真正实践起来并不容易。有一位非常著名的专家说过这么一段话："每个人都曾遇到过上司大吼大叫的情况，而当时我们只能把嘴巴紧紧闭上……并不是说，同样以大喊大叫回敬上司是有效的反应。理解才是正确的答案。如果你理解了，那么你就会知道做什么。"

【小故事】

接受批评，是明规则也是潜规则

有这样两个年轻人，大学毕业后在同一个部门工作。有一次，上司给他们两个安排了一项工作，却没有对工作的完成时间和标准提出具体的要求。过了两天，上司突然问起了这项工作的进展情况。因为当时他们手中还有一些比较急的事，上司安排的工作并没有真正展开，结果遭到上司一通训斥。其中一位年轻人心里不服气，就嘟囔了一句："你又没有说清楚什么时候完成。"而另一位年轻人却立即承认了错误，并在上司发完火以后主动找到上司承担了责任。

以后上司在布置工作时总是会把一些重要的任务安排给那位主动接受批评的年轻人，尽管依然会遭到上司的猛烈批评，但他们之间的配合却越来越默契。几年以后，他就在上司的推荐下得到了重用。而那位不愿接受批评的年轻人因为得不到上司的赏识和重用最终调离到别的部门去了。

尽管把上司的无理批评"顶"回去是一件很爽的事情，但这样的冲动可能会给你带来更多的麻烦。有的上司具有开放性思维，允许下属有不同的看法，即使不看好下属的想法也会给予支持。但有的上司自我意识很强，看到下属的想法和自己不一样就反感，甚至会怒火中烧，指责、批评也就难免了。但问题是，你遇到的上司可能自我意识很强，你要么学会接受，要么另谋高就，除此之外恐怕没有更好的选择了。

接受来自上司的批评，哪怕是无理的批评，是组织中的明规则也是潜规则，说它是明规则是因为上司有这个权力和责任批评你，而你没有。而说它是潜规则则是因为如果你要反击上司的批评，可能会受到更多更大的"批评"，甚至会面临不得不离去的结局。

闻过则改的建议：

善于接受上司的批评，可以让我们从上司的批评中发现自己的不足，加深与上司之间的相互理解，不断调整自己去适应上司需要的思路和步伐，从而也就更容易获得上司的信任和支持。这是建立双方良好关系的重要基础，我们都希望自己的上司是一个温和宽容的上司，也希望自己做事能够做到让上司赞同，但这样的情况是很少发生的。这就要懂得如何接受来自上司的批评，哪怕是无理的批评。因此，作为员工要学会如何接受批评，具体有下面三个步骤。

1. 诚恳地接受下来

如果上司的批评是正确的，那么接受上司的批评应该不会有问题。如果在你看来上司的批评是错误的，那应该怎么办呢？即使是这样的情况，你依然要诚恳地接受下来，并对上司说："我错了，您说的对！"

有的时候，面对上司的批评，你完全可以这只耳朵进那只耳朵出，没有必要放在心里，更没有必要和上司论"清白"。如果你认为有必要向上司说明你的看法，可以在上司批评之后，找一个适当的机会向上司说明情况，而不是当时就指出来。

上司的批评是有道理还是没有道理，这并不重要，重要的是上司有权力批评你，即使上司的批评只有1%是对的，其余99%都是错的，你也要懂得把那个1%诚恳地接受下来。因为你接受的不仅仅是上司的批评，还有上司的权威、信任和期望。

2. 思考批评背后的原因

你可以忽视上司的批评，但在多数情况下，你都要放在心上，不要不当回事。当上司批评你的时候，要冷静地多问问自己："上司为什么发这么大的火？"找到上司批评的真正原因，才会更好地改善你们之间的关系。

这个世界上也许有无缘无故的表扬，但一定没有无缘无故的批评。即使是一些看上去"无中生有""强词夺理"的批评也是如此，不要被表面的批评所激怒，而是要体会上司批评的苦衷、担心和期望等，找准问题的根源。

上司也是人，是人就不会完美，你不要把上司当作一个独特的人来看待，不要期望上司的每一次批评都是正确的、合理的，关键是要找到上司批评你的真正原因。因为只有这样才会让你自己变得更加成熟。

3. 向上司做一次汇报和沟通

找准错误的根源，深究自身的原因，努力改正自己的错误，并将自己的反省和改正情况及时向上司进行汇报。

上司也是人，上司批评你，你不好受，上司心里也不会太舒服。这个时候，你如果能够主动向上司承认错误，体谅上司对自己的苦心、期待等，会让上司重新认识你，信任你。批评可以摧毁双方的信任，也可以加深双方的信任，这一切的努力，并不在于上司，而在于你自己。

当然，"老板的批评总是对的"并不是说做上司的就可以随心所欲地批评下属。作为领导不仅不能无理地批评，即使是有理地批评也要慎重。但现实中，并不是所有的上司都这样想，这样做。所以，作为下属，你就要懂得如何接受来自上司的批评，包括那些看上去有些无理的批评，这就是下属的哲学。

怕与上司沟通难获信任与发展

大多数的职场人士，都不愿意和领导交流，甚至总是躲避领导，这是很愚蠢的一种做法。其实做领导是很孤独的，也喜欢与人交流，如果你能经常和领导聊聊天，哪怕是闲扯都可以，当然要注意合适的时间和地点，就比较容易得到领导的关注和信任。

沟通可以改变命运。员工主动和老板沟通，就是给自己改变命运的机会，让老板更透彻地了解你。在老板面前展示你的才华和忠诚，老板才能放心地让你独当一面。那些怕与老板沟通的员工，永远没有这样的机会。深受老板喜欢的员工，不仅能够尽职尽责地把工作做好，而且能积极主动地与上司沟通。一个人即使工作做得再好，再有能力，如果不被老板知道，那么你仍然只能默默无闻地待在原来的位置，很难获得更好的发展。

【小故事】

老板如何重用不愿意和自己交流的员工

某路桥建设集团有限公司员工徐明忠，虽然工作出色，但老实正直，只知道埋头苦干，与老板缺乏沟通，因此他根本不在老板的视线范围之内。

有一次，公司里举行元旦联欢会，老板的兴致非常高，很快加入了员工中间。徐明忠见了老板，一举一动就不自然起来，没过多长时间就逃出老板的视线，独自坐在一个角落里喝饮料。

不知什么原因，徐明忠好像天生就有害怕老板的毛病。在走廊上、电梯里或在餐厅里碰到老板，他都不会主动打招呼，反而迅速离去。即使自己的经理不在，老板有事来到他们的部门，他也缩在一旁，从不主动发言。这样一来，他和老板的距离越来越远。他给老板唯一的印象就是怕事和不主动。老板怎么会重用一个不敢和自己说话、交往的人呢？

　　不主动与老板沟通，可以说是一种对自己的前程和发展极不负责的行为，一个处在老板视线范围之外的员工，根本就不会有担当重任的机会，又怎么能有成功的可能呢？

　　在职场上，许多原本十分优秀的员工并没有得到老板的赏识，其主要原因是与老板过度疏远，没有找到合适的机会向老板表现和推销自己，没有让老板了解自己的能力和才华。

　　有的人虽然到公司工作几年了，但老板对这个人却没有任何较深刻的印象，这就是因为他们对老板有生疏感及恐惧感。他们见了老板就噤若寒蝉、手足无措，要么想法躲开，要么装作没有看见，这样消极地与老板相处，尤其是在大公司里，老板又怎么可能注意到你呢？

　　其实，任何一个老板都希望自己的员工能积极地和自己沟通，从而更好地工作。想和老板积极地相处，首先要了解老板，了解他的目标、他的工作特点、他的优缺点及对员工的期望。有了这些基本的了解，与老板打交道时你就会得心应手、有的放矢。你甚至还可以因势利导、取长补短，从而避免冲突、误解和问题的发生，并可以更快地获得老板的认可和重视。

　　但是，与老板积极而有效地沟通并不等于讨好、谄媚老板。假如你是用一些不高尚的手段赢得老板的青睐，让老板对你信任有加、言听计从，那么其实在老板的眼里你充其量也不过是一个会"拍马屁"的可怜虫罢了。

闻过则改的建议：

1. 建立自信

怕和老板直接沟通的员工，大多是因为有自卑心理，对自己缺乏必要的自信。其实，只要了解到老板也有和员工沟通的欲望，你就没必要惧怕老板了。

2. 亲切地打招呼

如果你想最大限度地缩短自己与老板之间的距离，那么你就应当主动、亲切地与老板打招呼，这一点非常重要。即使是早上见面时打招呼，也不要显得过于勉强和呆板，而应该力求自然、开朗和活泼。

3. 巧妙地聊天

除了主动亲切地向你的老板打招呼之外，你还可以巧妙地多和老板聊天，并在聊天的过程中加强与老板之间的交流，获取一些实用的信息，进而缩短与老板之间的距离，引起老板对你的重视，获得老板对你的信任和器重。

执行差——执行不力

　　无论做什么事情，都要记住自己的责任；无论在什么样的工作岗位，都要对自己的工作负责。不要用任何借口来为自己开脱，完善的执行是不需要任何借口的。

每天瞎忙效率低

我们每一天需要完成的工作并非只有一项，而时间又不可能因为工作增多而增加。优秀的员工总是会在有限的时间内将所要做的工作做好，其秘诀就是在开始工作以前，分清楚哪些工作重要，哪些工作次要，把重要的工作先做好。

"分清轻重缓急，设计优先顺序"是时间管理的精髓。记住这个定律，并把它融入工作中。对最具价值的工作投入充分的时间，否则你永远都不会高效率地完成工作，相反你会一直陷于一场没有尽头的赛跑中，很难获胜。

【小故事】

一次只做一件事情

有一位被辞退的员工，满腹委屈地去找一位很著名的职业规划师。当他看到职业规划师干净整洁的办公桌时感到十分惊讶，问道："你没处理的文件放在哪儿呢？"

职业规划师说："我所有的文件都处理完了。"

他说："那你今天没干的事情又推给谁了呢？"

职业规划师说："我所有的事情都处理完了。"

看到对方困惑的神态，职业规划师解释说："原因非常简单，我的精力有限，一次只能处理一件事情，于是我就按照所要处理的事情的重要性，列一个顺序表，然后就一件一件地去做，当然就很轻松地处理完了。"

那位员工这才恍然大悟，原来自己被辞退就是因为工作没有分清轻重缓急，虽然整天忙碌不堪，却效率极低，严重影响了公司的整体工作进度。

工作不分轻重缓急，眉毛胡子一把抓，这是平庸员工的通病。要想成为一个优秀的员工，就一定要根据事情的轻重缓急，制订出一个计划表。人的时间和精力是有限的，不制订出一个工作顺序，面对突然涌来的大量事务就会手足无措。

尤其是在对各种文件的处理上。一个员工每天都要花大量的时间来阅读、整理和接收各种文件，但其中有一些是无关紧要、不需要立马处理的。因此，要把工作做得出色，就要学会把注意力集中在那些最重要的文件上。

你也许会有这样的困惑，虽然自己有强烈地将每一项工作都做好的愿望，但是因为需要完成的工作太多，让你感到时间严重短缺，感到力不从心并且筋疲力尽。你可能会无奈地感叹："如果时间再多一点儿的话该多好啊！"可遗憾的是，不管你的这种愿望如何强烈，每小时只会有 60 分钟让你去消费，而绝不会变成 80 分钟。难道说真的是时间不够用吗？其实，只要我们认真地反省一下自己，就会发现，很多时候，我们对那些无足轻重的工作花费了太多的时间，于是就耽搁了很重要的工作，以至于出现了上述的情况。在现今竞争日趋激烈的社会环境中，要获得更好的生存环境和发展机会，很多时候，我们不仅要高质量地完成自己的工作，并且还要在最短的时间内完成。优秀员工与平庸员工的最大差别就在于：优秀的员工会绞尽脑汁计划如何用较少的时间去完成更多的工作，创造自我改善的机会并提高工作效率。

闻过则改的建议：

1. 确立处理工作的先后顺序

喜欢的工作先做，不喜欢的工作后做；熟悉的工作先做，不熟悉的工作后做；容易的工作先做，难的工作后做；耗时少的工作先做，耗时多的工作后做；资料完备的工作先做，资料欠缺的工作后做；计划内的工作先做，计划外的工作后做；别人的工作先做，自己的工作后做；紧急的工作先做，不急的工作后做；有趣的工作先做，枯燥的工作后做；已经出现的工作先做，还没到来的工作后做。

2. 根据自身工作需要，搞清事情本质，合理科学地安排时间：

（1）今天你应该做哪些工作？要让自己清楚：哪些工作今天非做不可，而且非得自己亲自做；哪些工作非做不可，但并不一定要亲自做，可以委派其他人做。

（2）今天做什么可以给你最高的回报？应该把时间和精力投入那些能给你最高回报的工作、让你能"扬己所长"的工作，或者是那些你今天做能比别的时候做更高效的工作。

（3）今天做什么能给你带来最大的满足感？那些能给你最高回报的工作，并不是全都能给你最大的满足感，均衡才有和谐。因此，不管我们处于什么位置，都需要分配一些时间在那些令我们满足和快乐的事情上，只有这样，工作才是有趣的，并易保持工作的热情。

（4）善用"二八原理"。这个原理的大意是在任何特定群体中，重要的因子通常只占少数，而不重要的因子则占多数。因此，只要能控制重要的少数，即能控制全局。我们安排时间的时候，应当考虑到这一原理，即把 80% 的时间花在 20% 的事情上。

习惯拖延时间

无论是生活中还是工作中，总有人被"拖延症"困扰着。很多人容易把拖延的原因简单化：因为懒，因为你缺乏计划安排，因为你不把别人的时间当时间。

事实上，习惯性拖延的原因并没有那么简单，而是常常源于更深层次的心理问题。你有可能是用拖延来应对专横的父母；也有可能，你的内心深处害怕把事情搞砸，从而显得自己很蠢，于是就先拖着再说。

"拖延症"并不是一种病，所谓的"拖延症"目前并没有被纳入精神疾病体系中，也没有权威的定义。比较普遍的看法是拖延症指的是人们无谓地延长完成任务时间的行为，并且，这种行为往往会带来负面的后果。

习惯性拖延很普遍。心理学家 Ferrair 调查发现，

20% 的美国人可能是长期的拖延者，他们在生活中、工作中、恋爱中都有拖延的表现。

【小故事】

贺俊宁忙碌的一天

某天清晨，贺俊宁在上班途中，信誓旦旦地下决心，一到办公室即着手草拟下年度的部门预算。他很准时地于九点整走进办公室，但并没有立刻从事预算的草拟工作，因为他突然想到不如先将办公桌及办公室整理一下，以便在进行重要的工作之前为自己提供一个干净与舒适的环境。

贺俊宁前后花了三十分钟的时间，才使办公室变得整齐干净。

虽然未能按原定计划于九点钟开始工作，但他丝毫不感到后悔，因为三十分钟的清理工作不但已获得显而易见的成就，而且还有利于以后工作效率的提高。贺俊宁面露得意的神色，随手点了一支香烟，稍作休息。

此时，贺俊宁无意中发现报纸上的彩色图片十分吸引人，于是情不自禁地拿起报纸来。等他把报纸放回报架，已经十点钟了。这时贺俊宁略感不自在，因为他已自食诺言。

不过，报纸毕竟是精神食粮，身为企业的部门主管怎能不看报，何况上午不看报，下午或晚上则非补看不可。这样一想，贺俊宁又心安了不少。

接着贺俊宁开始正襟危坐地准备埋头工作。就在这个时候，电话声响了，那是一位顾客的投诉电话。他连解释带赔罪花了二十分钟才让对方平息怒气。

挂了电话，贺俊宁去了洗手间。在回办公室途中，他闻到了咖啡的香味。原来另一部门的同事正在享受"上午茶"，他们邀他加入。

贺俊宁心里想，预算的草拟是一件颇费心思的工作，若无清醒的头脑则难以胜任，于是他毫不犹豫地应邀加入，就在那儿言不及义地聊了一阵。回到办公室后，贺俊宁果然感到精神奕奕，满以为可以开始工作了。

可是，一看表，已经十点三刻了！距离十一点的部门联席会议只剩下十五分钟。贺俊宁想：反正这么短的时间也办不了什么事，不如干脆把草拟预算的工作留待明天做算了。

闻过则改的建议：

心理学家们也在关注如何解决拖延这一问题，下面的建议供你参考。

1. 分解任务

人们总是更倾向于完成看起来离自己更近、更容易的目标（短期目标），这样能够不断给人以成就感。因此，可以用尝试分解任务的方式来完成任务。将大的任务分解为小的任务后，人们会觉得每个任务更容易完成，并会更迫切地去完成，完成后的成就感又帮助人们逐步完成最终的大任务。比如：你想减肥20斤，你可以设定每天减几百卡路里的任务，这样，目标就显得更容易实现。

2. 改变计时的方式

实验发现，被试者们认为同一个时间跨度，如果用天来表示，似乎会更快地到来。比如：如果你的任务是从2017年8月开始，截止到2017年10月要完成，你可以对自己说："我有两个月的时间去完成任务。"你也可以对自己说："我有60天的时间去完成任务。"研究发现，用"天"作为时间计算的单位，比起用"月"作为时间计算的单位，更容易让人们开始执行任务，因为你会觉得"天"比"月"更短，截止日期离得更近。由此，研究者建议用倒计日，甚至是倒计小时的方式让自己不再拖延。

3. 直面自身

如果你总是害怕失败，害怕被批评和嘲笑，不愿意面对自己的弱点，更好的方式是不要总觉得别人会嘲笑你，而是直面问题，寻求帮助。如果你阅读能力的确有缺陷，就想办法提高，或者用其他方式来解决。

4.思考任务完成后的奖赏

你应该更多地思考把事情做好以后能够带来的好处。比如：你按时、很好地完成任务，会帮助你获得更多的好处，如拿到更多的奖金，在公司或学校里取得更高的地位，获得别人的欣赏和尊重，让自己更自信。同时，当你已经取得微小的成就时，不要觉得自己离更大的目标还很远，要及时庆祝自己的每一个小胜利。

5.学会自爱

不要总是批评自己，要善于发现自己的优点，接纳自己是改变的第一步。在面对任务时告诉自己：我肯定能行的。

研究证明，那些懂得自爱、对自己评价较高的人，也会更自律，能更好地控制自己，在面对困难的情况下不会轻易放弃。

缺乏团队合作精神

团队合作精神，简单来说就是大局意识、协作精神和服务精神的集中体现。团队合作精神的基础是尊重个人的兴趣和成就，核心是协同合作，最高境界是全体成员的向心力、凝聚力，反映的是个体利益和整体利益的统一，并进而保证组织的高效率运转。团队合作精神的形成并不要求团队成员牺牲自我，相反，挥洒个性、表现特长才能保证团队成员共同完成任务。团队合作精神是组织文化的一部分，明确的协作意愿和协作方式是发挥团队精神的内在动力，良好的管理可以通过合适的组织形态将每个人安排至合适的岗位，充分发挥集体的潜能。所以说如果没有正确的管理文化，没有良好的从业心态和奉献精神，就不会有团队合作精神。

【小故事】

两个渔夫的故事

从前，有两个饥饿的人得到了一位长者的恩赐：一根鱼竿和一篓鲜活硕大的鱼。一个人要了一篓鱼，另一个人要了一根鱼竿，之后他们分道扬镳了。得到鱼的人原地就用干柴搭起篝火煮起了鱼，他狼吞虎咽，还没有品出鲜鱼的肉香，转瞬间就连鱼带汤吃了个精光，不久，他便饿死在空空的鱼篓旁。另一个人则提着鱼竿继续忍饥挨饿，一步步艰难地向海边走去，可当他看到不远处那片蔚蓝色的海洋时，他浑身的最后一点力气也使完了，他也只能眼巴巴地带着无尽的遗憾撒手人间。

另有两个饥饿的人，他们同样得到了长者恩赐的一根鱼竿和一篓鱼。只是他们并没有各奔东西，而是商定共同去寻找大海，他俩每次只煮一条鱼，他们经过长途跋涉，来到了海边。从此，两人开始了以捕鱼为生的日子，几年后，他们盖起了房子，有了各自的家庭、子女，有了自己建造的渔船，过上了幸福安康的生活。

任何一个建筑工程项目都是团队合作的成果，光凭一个人，不管那个人有多大的本事也无济于事。

这里讲的团队，就是指一群互助互利、团结一致为统一目标和标准而坚毅奋斗到底的一群人。团队不仅强调个人的业务成果，更强调团队的整体业绩。团队是在集体讨论研究并决策及信息共享和标准强化的基础上，强调通过队员奋斗取得胜利果实，这些果实超过个人业绩的总和。

一个人只顾眼前的利益，得到的终将是短暂的欢愉；一个人目标高远，但也要面对现实的生活。只有把理想和现实有机结合起来，才有可能成为一个成功之人。有时候，一个简单的道理，却足以给人意味深长的生命启示。

俗话说："一个和尚挑水喝，两个和尚抬水喝，三个和尚没水喝。""一只蚂蚁来搬米，搬来搬去搬不起；两只蚂蚁来搬米，身体晃来又晃去；三只蚂蚁来搬米，轻轻抬着进洞里。"上面这两种说法有截然不同的结果。"三个和尚"是一个团体，他们没水喝是因为互相推诿、不讲协作；"三只蚂蚁来搬米"之所以能"轻轻抬着进洞里"，正是团结协作的结果。有首歌叫《团结就是力量》正是此意，而且团队合作的力量是无穷的，这种力量一旦被开发，这个团队将创造出不可思议的奇迹。当今社会，随着知识经济时代的到来，各种知识、技术不断推陈出新，竞争日趋紧张、激烈，社会需求越来越多样化，人们在工作、学习中所面临的情况和环境变得极其复杂。在很多情况下，单靠个人能力已很难完全处理好各种错综复杂的问题并采取切实高效的行动。所有这些都需要大家建立合作关系，并要求团队成员之间进一步相互依赖、相互关联、共同合作，来解决错综复杂的问题，并进行必要的行动协调，开发团队应变能力和持续的创新能力，进而依靠团队合作的力量创造奇迹。既然团队合作精神有那么大的力量，接下来我们就了解下什么是团队合作。团队不仅强调个人的工作成果，更强调团队的整体业绩。团队所依赖的是集体讨论并决策及信息共享和标准强化，它强调通过成员的共同贡献，能够得到实实在在的集体成果，这个集体成果超过成员个人业绩的总和，即团队成果大于各部分成果之和。团队的核心是共同奉献，这种共同奉献需要有一个让成员能够信服的目标。只有切实可行而又具有挑战意义的目标，才能激发团队的工作动力和奉献精神，为工作注入无穷无尽的能量。因此，团队合作是一种为达到既定目标所显现出来的自愿合作和协同努力的精神。它可以调动团队成员的所有资源和才智，并且会自动地驱除所有不和谐和不公正现象，同时会给予那些诚心、大公无私的奉献者适当的回报。如果团队合作是出于自觉自愿时，它必将会产生一股强大而且持久的力量。

闻过则改的建议：

在高凝聚力的团队中，员工和上司双方互相认同和接纳，员工获得了尊重，他们的积极性能够得到发挥，他们也更有活力。打造团队凝聚力，要做好两个方面的事情。一是打造团队的吸引力，二是让团队成员相互吸引。如何培养员工的合作精神，下面给出三个方面的建议。

1. 培训和组织活动

培训或者组织一些团体活动，是很多企业培养团队成员间合作精神的重要方法。比如：诺基亚每年为员工提供一次集体外出活动和两次以部门为单位的团队培训机会。参加活动时，部门之间可以自由组合。通过共同参与活动和培训项目，员工之间互相了解，产生信任感，不仅拉近了他们的距离，更增强了他们的凝聚力。

2. 营造沟通的氛围

真诚、平等的内部沟通是营造团队合作氛围的基础。经理人要鼓励员工充分表达创意和建议，主动地和其他人进行沟通，提出自己的想法。但要确立沟通的原则是就事论事，绝不可以牵扯到其他方面。

3. 提升领导能力

一个企业负责人的领导风格直接影响团队的合作精神。在民主的领导方式之下，团队成员更愿意表达自己的意见并参与决策。如果是在专制的领导方式下，下属的参与机会少，满意度相应较低；在放任型的领导方式下，员工就像一盘散沙，人心涣散，更谈不上团队合作。如果员工喜爱和敬佩自己的领导，他们就会表现出更高的满意度。而满意度越高，团队的合作精神和凝聚力就越强。如果团队成员缺乏合作精神，领导者也可以看看是不是以下这些方面出了问题。比如：是否做到了分工合理，薪资公平？平常工作比较忙，会不会对员工的工作支持不够？

将个人情绪带到工作中

在职场中，经常会听到领导对员工说，不要把情绪带到工作中；回家时，老婆对老公说，不要把情绪带回家等，这些话语都无形地表达出我们对"情绪"的恐惧和无助。正因为这样，很多人在面对情绪不好时，往往会处理不当，轻的影响日常工作，重的甚至会让自己的人际关系受到损害，让自己身心疲惫。

"人非草木，孰能无情？"我们生活在大千世界中，每个人都要面对许多人和事的变化，都要受到各种各样的刺激和影响。情绪反应不仅通过心理状态而且通过生理状态的广泛波动实现。医学把人的情绪归纳为七情：喜、怒、忧、思、悲、恐、惊。人的情绪是复杂多变的，不同情绪对人的心态与行为有着不同的影响。情绪是染色剂，使人的生活染上各种各样的色彩；情绪又是催化剂，使人的活动加速或减速地进行。人需要积极的、快乐的情绪；人也会有焦虑、痛苦等消极的情绪。消极的情绪应该尽量排空，不要带到工作中来，因为它不仅影响你的工作，也会影响上司和同事对你的印象。

【小故事】

一位诺贝尔奖获得者的论文

奥斯特瓦尔德是德国著名的化学家。有一天，他由于牙病发作，疼痛难忍，情绪很坏。走到书桌前，他拿起一位不知名的青年寄来的稿件，粗粗看了一下，觉得满纸都是奇谈怪论，顺手就把这篇论文丢进了纸篓。几天以后，他的牙痛好了，情绪也好多了，那篇论文中的一些"奇谈怪论"又在他的脑海中闪现。于是，他急忙从纸篓里把它捡起来重读了一遍，结果发现这篇论文很有科学价值。在为作者的新思路惊讶不已的同时，也为自己因情绪不好险些埋没了一篇天才的科学论文而懊悔。他马上写信给一家科学杂志出版社，加以推荐。这篇论文发表后，轰动了学术界，该论文的作者后来获得了诺贝尔奖。

可以想象，如果奥斯特瓦尔德的情绪没有很快好转，那篇闪光的科学论文的生命就将在纸篓里结束了。同样，一个领导干部，如果有不良的情绪，而且又难以调节和控制，那么此时处理工作，不仅仅会影响个人的声誉和身体，而且会影响全局的事业。

有一个资历比较老的导购员曾经介绍经验说："招聘时导购最好都找那些结过婚、生过孩子的女人，她们上有老，下有小，责任心比较强，不会轻易跳槽。而找那些年轻的女孩子就不是很好，如果她们前一天晚上和男朋友吵架了，第二天闹情绪那就麻烦了，可能会因此得罪顾客而损害公司形象，你还不能批评她，一批评，她就大不了不干了。"笔者想想也觉得说得挺有道理的，因为情绪确实会影响人的行为。

也可以设想一下，昨天晚上，你和你老婆吵架了，今天来到办公室，紧绷着脸，一声不吭，同事和你打一声招呼，你装着没听见，同事要你帮个忙，你很不耐烦，接完电话"啪"地一声放下。而就在昨天，你和同事还有说有笑，态度好得不得了，碰见石头都要微笑打个招呼。如果你是这样的人，或者有近似这样的表现，那我告诉你，你周围的人是不太会喜欢接近你的，你的上司和老板是不会提拔你的。因为你太情绪化了。尤其是女孩子，情绪化的情况可能比男生重一些。所以不要把工作以外的消极情绪带进工作中，这样一方面保证了工作的正常进行；另一方面，别人和你一样每天都在"忙碌着""烦恼着"，也想寻求轻松和快乐。所以，从为别人着想的角度出发，也不应该把个人情绪强加给别人，要学会控制自己的情绪。而且，你把情绪带进工作，常常会出现很多误会，你会错怪别人，让别人的心情不好，跟着你受苦。

如果你是管理者，更要注意，不能让你的下属成为你的出气筒。你的下属可能因为你的权威不敢顶撞你，不能得罪你，但这样其实是对自己形象的一种伤害，是对你的管理魅力的抹杀。当一个人情绪不稳定的时候，遇到事情一定要冷静；遇事太急躁，太冲动，你的气是撒出去了，心情也好了，却无意中让别人为你承担了你的痛苦。

因此，我们每一个职场人员都要学会调节消极情绪。消极的情绪随时都可能出现，一点小事都可以让你很不快乐。我们在办公室留心观察一下身边的同事，不难看出，有些人一上班就情绪不佳，要么稍不留神就发脾气，要么做事老是出差错。仔细一打听，或是在家里和家人发生了争执，或是自己孩子的学习成绩不够理想，或是在上班的路上遇到了不顺心的事。长此以往，这些人给领导和周围的同事留下了很恶劣的印象。

闻过则改的建议：

　　不良情绪很容易影响工作，因此学会保持良好的心态、得体地处理好人际关系和身边的各项事物显得相当重要。那么，我们该如何去克服自己的不良情绪呢？一位学者提出了四种有效办法。

　　1. 学会强迫自己微笑

　　不论我们在生活中碰到了什么不如意的事，都要及时调整好心态，命令自己脸上要时常挂满微笑。因为微笑时，你心中任何不愉快的感觉都静止了。笑脸不仅可以掩盖而且能够改变你的不良情绪，让你及时进入正常的工作状态。我们为何不去试一试呢？

　　2. 学会冷却自己的情绪

　　假如你在上班时意识到自己情绪不好，将要爆发出来时，一定要告诫自己千万不可失控。可以上洗手间或其他地方一趟，待理智占了上风，心情平静一些后再返回办公室；也可以做做深呼吸或喝一杯水，以起到控制情绪的作用。

3. 学会以积极的眼光看待问题

任何事情都有消极和积极的两个方面，如果我们变换一下角度，从积极的方面去看待一件事，也许你会有另一番心绪。你可以想想对方也有值得同情的地方；你也可以想想"塞翁失马，焉知非福"的古训；你还可以站在对方的立场来想想自己的不是。即使真的是对方的不是，也应多从对方的客观角度而少从对方的主观角度找原因。这时的你也许会觉得心头舒展了许多。

4. 学会把注意力集中在自己的工作上

一旦遇到让你生气、引发情绪波动的事情时，切记不要把注意力放在谁是谁非上面，而应把注意力集中在自己的工作上面。许多研究成果一致认为，转移不良情绪的最好办法就是增强自己的敬业精神和工作责任感。当你全心全意忙于自己的工作时，心里只想着该怎样做好手头的工作，自然没有空闲去想那些烦人的事情。

高期望——期望高于现实

　　既然你选择了这个职业，选择了这个岗位，就必须接受它的全部，而不是仅仅只享受它给你带来的好处和快乐。

眼高手低

眼高手低，一个当前普遍存在的现象，也是一个不容忽视的话题。这不仅存在于年轻气盛的大学生身上，越来越多的中小学生也存在这一问题，如何剖析这一现象，如何解决这一问题，已成为全社会关注的话题。

眼高手低是年轻人最容易形成的习惯，也是失败频繁发生的原因。有人内心充满了理想，常跟人高谈阔论，可是当具体到问题和琐碎的工作上时他们就显得不知所措。当你意气风发地和别人谈你的梦想时，不经意间你已经陷入了一个美丽的陷阱，一个浑然不知又注定失败的误区——眼高手低。

有时你会发现成功离你那么近，几乎触手可及，而此时的你却忘了那只是感觉。一次次的失败会把一个人逼入困顿中。一个有理想有抱负的人，为什么到头来却两手空空，一无所获？究竟是什么阻碍了一个人成功的脚步？究竟是什么让人一次次的受打击？究竟是什么让一个人的梦想变成了幻想？

【小故事】

一心想干大事的人才

刚刚从美国哈佛大学商学院读完MBA回国的林维风，毫不费力地进了我国一家知名的大企业。

公司总裁刚开始总把一些鸡毛蒜皮的小事交给林维风去做，想以此来锻炼锻炼他，但是林维风每次都十分不满意，认为自己是美国哈佛大学商学院的MBA毕业生，鸡毛蒜皮的小事根本不应该是自己的职责范围。所以他从来没把这些小事放到心上，认为自己是干大事的人才。

机会终于来了，总裁让林维风来准备一份很重要的招标会的材料，当林维风把自己熬了几夜精心准备的材料交给总裁时，原以为可以博得总裁的赏识，没想到会议结束后他就收到了人事处的解聘通知。

原来，林维风因为不在乎那些鸡毛蒜皮的小事，总是马马虎虎、草草了事，把"进口"误认为是"出口"，使公司在利益和信誉上蒙受了双重损失。

无知与眼高手低是员工最容易犯的两个错误，也是频繁失败的主要原因。许多员工内心充满了激情和理想，然而一旦面对平凡的生活和琐碎的工作，就变得无可奈何了；他们常常聚在一起高谈阔论，一旦面对具体问题，就不知所措。事实上，刚刚踏入社会的年轻人缺乏工作经验，是无法委以重任的，薪水自然也不可能很高。

许多员工心目中都有远大的理想，但在实际生活中需要脚踏实地，准确衡量自己的实力，不断调整自己的方向，一步一步走，才能达到自己的目标。纸上谈兵的员工永远无法取得成功。许多员工应该像哥伦布一样，努力去发现自己的新大陆，沉湎于过去或者深陷于对未来的空想是没有前途的。你正在从事的职业和手边的工作，正是你摘得成功之花的土壤，只有将这些工作做得比别人更完美、更正确、更专注，才有可能将寻常变成非凡。

为什么柳传志、张瑞敏这样的企业家永远只是少数，虽然世界上有成千上万个和他们一样富有理想的员工，但他们却在眼高手低的毛病中把机会扼杀了。

许多员工，当他们走出校园时，总是对自己抱有很高的期望，认为自己一开始工作就应该得到重用，就应该得到相当丰厚的报酬。于是他们在求职时念念不忘高位、高薪，并且对自己说："英雄须有用武之地。"他们喜欢在工资上相互攀比，工资似乎成了他们衡量身份的唯一标准。

而当他们对工作感到厌倦时，就会对自己说："如此枯燥、单调的工作，如此毫无前途的职业，根本不值得自己付出心血！"当他们遭遇困境时，通常会说：
"这种平庸的工作，做得再好又有什么意义呢？"渐
渐地，他们开始轻视自己的工作，开始厌倦生活。

记住，这是你的工作！美国前教育部长威廉·贝
内特曾说："工作是需要我们用生命去做的事。"对工
作，我们又怎能去懈怠它、轻视它、践踏它呢？我们应
该怀着感激和敬畏的心情，尽自己最大的努力，把它做
到完美。除非你不想干了，或已垂垂暮年，否则，没有
任何理由不认真对待自己的工作。当我们在工作中遇到
困难时，当我们试图以种种借口来为自己开脱时，让这
句话来唤醒你沉睡的意识吧：记住，这是你的工作！

闻过则改的建议：

思想是一个人的灵魂，那么习惯就是这个灵
魂的源泉，只有养成良好的习惯才能让自己更活
跃，更有思想。在刚迈入社会时，我们难免会带
着在学校时的书生意气，只顾理论知识，对于实
际操作根本不熟悉，只能在大脑里和书面上做到
标准操作。在现场操作时我们总抱着"我会我懂，
每个操作我都可以写下来，理论知识考试已经证
明了每个设备我都会使用，我可以独立上岗了"
的想法，就这样在与师傅一起操作时，只是匆匆

而过。到最后会觉得问题就那么简单，自己已经能独当一面了。就是这种心态让一个人变得自满起来，并抑制了个人的成长。这种现象就叫作眼高手低。那么如何避免这种现象呢？

1.养成勤动脑多动手的习惯

嘴上说是自己决定自己每一天怎么过，其实是习惯支配着自己如何过完每一天。一个名人曾这样说过："一个人真正的精神价值，是看他在没有人注意的情况下会做些什么。"习惯，会让我们在无人注意时依旧保持一种品性，一种态度。

正是因为习惯了安于苦难，立于坚强，我们才能长久地去学习、去弥补自己身上的不足，并获得最后的成长，这样才能胜任每一份工作。

2.养成富有责任感的良好习惯

每一个职位所规定的工作内容就是一份责任。做了这份工作就应该担负起这份责任，每个人都应该对所担负的责任充满责任感。责任感与责任不同。责任是指对任务的一种负责和承担，而责任感则是一个人对待任务、对待公司的态度。如果我们对公司安排的工作有责任感，那就会全力以赴、尽职尽责、小心翼翼地去完成。

3.学会积累，从小事做起

善于积累，做理论管理的内行、专家，才能够及时发现问题，分析问题，看出门道，而不是只跑龙套，看热闹，最后只知道事故发生了，却不知因为啥，也不知道怎样解决。我们要从理论和实践中积累，不仅要知道前人的处理过程，更要深入了解，最后做到以后自己独立面对时如何避免问题的发生。

失望总比希望多

平时大家总说，希望越大失望越大。确实是这样，年轻人去相亲，被红娘的夸张说法吸引，去之前希望满满，这样就为碰到真人时的失望打下了基础，一般相中的可能性很低。

失望源于希望，梦想源于现实。失望与希望只在一线之间。说"失望中孕育着希望"，应是一个乐观者；说"希望越大，失望越大"，往往带着悲观的色彩。曾在一位老师的办公室听到这么一件事：一天，一位烦恼的妇女来找孩子的老师，说她正为孩子的功课烦恼。老师回答："孩子的功课应该由孩子自己烦恼才对呀！"她说："您不知道，我的孩子考到第四十名，可是他们班只有四十个学生。"老师开玩笑地说："如果我是你，我一定会很高兴。"她问："为什么呢？"老师说："你想想看，从今天开始，你的孩子不会再退步了，他绝对不会落到第四十一名呀！"妇女听了老师的话以后展现了笑容。老师的话尽管是玩笑，但也很有意味，不会再退步，就是不会再失望了，剩下的就只存在上升的希望了。这是一种豁达、积极向上的态度。

【小故事】

公司没有给自己机会

曾经有一位时刻面临着失业危险的中年人来到一位职业咨询师的办公室，他神情激愤，抱怨公司没有给自己机会，埋没了自己的才能，使自己面临着失业的困境。

"那么你为什么不自己去争取呢？"咨询师问他。

"我曾经也争取过，但是我不认为那是一种机会。"他依然愤愤不平。

"能告诉我那是什么吗？"咨询师问他。

"前一段时间，公司派我去海外办事处，但是像我这样的年纪，怎能经得起这样的折腾呢！"他说。

> "为什么你会认为这是一种折腾，而不是一种机会呢？"咨询师问他。
>
> "难道你看不出来吗？公司总部有那么多职位却让我去那么遥远的地方，而且那种工作太累，也不重要。我有心脏病，这一点公司里所有的人都知道。"他说。
>
> 职业咨询师终于明白这个中年人为什么会时刻面临失业的危险了，对工作的过分挑剔是他陷入困境的主要原因。

其实，工作本身不存在高低贵贱之分，只不过分工不同罢了。但是当人们用一种主观的态度去看待不同的工作时，就有了人们心目中的好工作、坏工作，或者是体面的工作和不体面的工作。多数人都认为高薪水的工作，或者是公务员就很体面；而一般的低薪水的事务性工作和体力劳动，则不那么体面，甚至是很丢人的。因此，职场中对工作左挑右选，对这份工作不满意，对那份工作不满意。这些人不是嫌这份工作降低了身份，就是嫌那份工作太累……最终他们不得不在挑剔中不断地失业。

人和人是不一样的，每个人的能力不同，所能胜任的工作也不尽相同。每个人都有适合自己做的工作，对于个人来说，最重要的就是找到适合自己的那个岗位，脚踏实地、勤勤恳恳地尽自己的本分。但就有那么一些人不甘心，他们喜欢跟人比，比环境，比薪水，比地位，但他们从来不跟人比能力。在工作中，他们总是喜欢做那些环境最好的、薪水最高的、最不费力气的工作，而对那些工作条件比较艰苦的岗位则嗤之以鼻。这些对工作挑肥拣瘦的人往往都是工作能力有限，而欲望却是无限的人。他们觉得自己就应该做"好"的工作，拿较高的薪水，却从来不想想自己是不是比别人强，能不能胜任那份工作。当然，也有一些人，他们确实有能力，但就是瞧不起那些低薪、低职的工作，即使是在相同的岗位上，他们也要挑最轻松、最容易的事情做。但不论是哪种类型，对工作挑肥拣瘦的人是很难受到重用的，因为他们缺乏最基本的职业精神，他们不知道工作是用来"做"而不是用来"挑"的。

过分地挑食会使自己营养不良，面黄肌瘦，身体越来越虚弱，容易患病；过分地挑剔工作，会使自己的工作能力下降，失去对工作的激情，从而经不起职场的风浪。说真的，任何人都不应该看不起某些工作。以挑剔的态度对待工作，如果认为劳动是卑贱的，那他就犯了一个巨大的错误。就在罗马帝国最繁荣的时候，罗马的一位著名演说家公开宣扬："所有手工劳动都是下贱的职业。"罗马帝国的统治者受到这种言论的影响，从此，罗马的辉煌成了过眼云烟。今天，同样有许多人认为自己所从事的工作是低人一等的，他们无法认识到自己工作的价值所在，只是迫于生活的压力而从事劳动。他们轻视自己所从事的工作，对工作挑肥拣瘦，自然无法投入全部身心。于是他们在工作中敷衍塞责、得过且过，而将大部分心思用在如何摆脱现在的工作环境上。这种人注定将一事无成。

闻过则改的建议：

现在的企业里有一些员工都有这样的毛病，他们对工作缺乏认识，挑肥拣瘦，对于具体的工作也不能高效地完成。那么，怎样做才能避免这些错误的发生呢？

1. 端正自己对工作的态度

尽管工作本身不存在贵贱之分，但是对工作的态度却有好坏之别。看一个人是否能做好事情，只要看他对待工作的态度就可以了。而一个人的工作态度，又与他的性情、才能有着不可分割的联系。一个人所从事的工作，是他人生态度的表现，一生的职业，就是他的志向所指、理想所在。所以，了解一个人的工作态度，在某种程度上就了解了那个人的人品。如果一个人轻视自己的工作，那么他绝不可能尊重自己，自然也不能做好工作。

2. 改掉懒散的习惯

懒散是对工作挑剔之人的通病，它只会给人带来巨大的不幸。有些人用自己的勤奋来创造美好的生活，为社会做出了贡献；另外一些人没有生活目标，不愿付出和行动，浪费了大好的光阴，到了晚年才长吁短叹。如果他们对工作少一些"挑拣"，多几分努力，一定可以创造辉煌的人生。

3. 认真地去做每一件事

每一件事都值得我们去做，而且值得用心地去做。卢浮宫收藏着莫奈的一幅画，描绘的是女修道院厨房里的情景。画面上正在工作的不是普通人，而全是天使：一个正在架水壶烧水，一个正优雅地提起水桶，一个穿着厨衣伸手去拿盘子——即使日常生活中最平凡的事，也值得天使们全神贯注地去做。

记住，一名优秀员工是不会挑肥拣瘦的。

这山望着那山高

不要这山望着那山高，这是我们平时经常劝导人安心工作的一句话。"这山望着那山高"的人总对自己目前的工作或环境不满意，老认为别的工作、别的环境更好。

我们很了解自己为了得到现在拥有的东西付出过怎样的努力和艰辛，而别人付出的努力，我们不可能完全了解。因此，在我们看来，似乎自己得到一些东西总是比别人得到这些要艰难很多。

其实，这个世界上没有免费的午餐，付出与得到总是成正比的，不要总是羡慕别人拥有的东西，要珍惜自己已经有的幸福，这才是人生的真谛。现在有一些企业员工以频繁跳槽为荣，感觉自己能力很强，随时都可以找到工作。这种想法是错误的。下面这个故事就会告诉我们这个道理。

吃着碗里，看着锅里

某著名大学计算机系的高才生高凯和牛建军，毕业后一同进了上海一家著名的软件公司，这令同学们非常羡慕。半年后，高凯听说别的公司有更优厚的薪酬，就心动了，他虽然干着现有的工作，心里却想着该怎样得到那份工作。没过多久，高凯就禁不住那家私企优厚待遇的诱惑而跳槽了。当时他和牛建军商量，希望牛建军跟他一起走，但牛建军对现公司的企业文化已经非常认同，也并不看好那家私企，苦劝高凯不要贸然跳槽。可是，看着那家公司"锅里诱人的油水"，高凯已昏了头，一个月后就走人了。

然而高凯哪里想到，那家私企资金链异常脆弱，他跳过去不久就听说新公司运转出了问题，正常薪水的发放都成了问题。因此，他又跳槽了。在随后的两年中，高凯就像一只无头苍蝇一样四处乱撞，一次比一次失望，不断地后悔"早知如此……"。短短几年的时间里，高凯已经相继做了软件、网络、广告、汽车、保健品等多种行业的工作，他什么都会一点，但什么都不精通、不专业，只好一直做初级工作。

虽然高凯在他的哥们面前硬着头皮也要说跳槽"无

怨无悔"，但打落门牙往肚里咽的难受滋味，只有他自己明白。实际上，还是最初的那家公司最好，因为那家公司已经成为上市公司，他的同学牛建军已经成为一个重要部门的经理，买了车，同学聚会都在他新买的大三居里举行。而现在仍然一无所有的高凯只能四处奔波。

这种"吃着碗里，看着锅里"的心态在职场中非常普遍，特别是那些刚入职场的新人，这种心态更严重。这些人"这山望着那山高"，不思安心做好本职工作，也从不反省自己，只盯着新工作、新公司、新老板能给自己怎样优厚的条件。他们总是以一种想当然的心态面对问题，总以为可以通过工作环境的转变来解决问题。他们的工作目标往往不清晰，但期望值却很高，当然，随之而来的失望值也越高。失望越大，对周围的环境或人的不满意程度就越深，从而使自己的情绪不断恶化，工作也失去了激情和动力，最终无法在公司里待下去，不得不另找工作。

其实，当你决定要离开这家公司时，不妨先转变一下心情，以一种全新的视角重新观察公司、工作和老板，或许，你就会因此而放弃离职的想法。你可能会猛然间意识到，公司远非你想象的那样前景不堪，老板也不像你想象的那样苛刻，你在公司里还有一定的提升空间。这样你就会重新找到努力工作的动力和激情，你的处境会大为改观。

优秀员工一般都不会轻易换工作，他们最忌讳的就是频繁地换工作，他们认为频繁跳槽是浮躁的一种表现，也是一种不负责任的表现。吃着碗里的，看着锅里的，养成这种习惯，永远都不会成功。

闻过则改的建议：

1. 辞职之前一定要仔细考虑，要善于自我反省

许多人辞职跳槽的原因并不在公司，而是自己的心态出了问题。只要站在公司的角度多想想，反省自己的不足，就会对自己是否要跳槽做出明智的选择。

2. 适当调整工作态度

态度决定行动，当你以敬业的态度面对自己的工作时，对工作的感觉和表现会大不相同。

3. 对工作心存感激

当你对工作心存感激之情时，就不会用挑剔的眼光来看待工作，就不会因领导在工作中对自己暂时的不公而消极怠工，而是以一种从容、坦然、喜悦的心情去工作。这样，你就会思考自己在工作中有哪些地方需要改进和提高，而不会是想以跳槽来改变自己的工作状况。

不能正确面对失败

在人的一生中会碰到很多失败和挫折，这是不可避免的。而挫折有着正面和负面的双重影响。它既可使人走向成熟，取得成就，也可能破坏个人的前途，关键在于你怎样面对挫折。没有河水对河床的冲刷，便没有钻石的璀璨；没有挫折的考验，也便没有不屈的人格。正因为有挫折，才有勇士与懦夫之分。

如果你面对失败，总是抱着屡战屡败的想法，那么你一定会失败；如果你抱着屡败屡战的想法，正确地面对自己的失败，那么你就必然能够从失败中走出来，还可以在失败中学到东西。

【小故事】

从容面对失败

莫家辉在深圳的百特医疗用品公司工作了19年，逐渐攀升到了公司较高的位置。但在公司的一次改组中，莫家辉却失去了人力资源经理的职位。虽然很失望，但莫家辉没有怨天尤人，而是将其作为一次重新评估与确定自己职业生涯的机会。

为了实现这一目标,莫家辉充分利用了可用的资源,包括公司为离职员工提供的职业转换服务。

莫家辉努力使自己对未来充满希望与自信,她决定将未来的职业生涯与自己的价值观及个性更紧密地联系在一起。失败不是什么好事,但莫家辉也并不为自己的年龄和前途担心。虽然一下子没想出什么办法,她还是为自己的智慧、自立和坚定而感到自豪。要知道,这三个"要素"可以帮助人们从挫折和失败中重新振作起来。

企业员工在遭遇失败时应给予自己充分的肯定,如果不善于从失败中吸取教训,那今天的企业就没有一件属于自己的新产品了。为此,作为企业员工,面对自己的失败,更多的应该是去自省、寻找失败的原因,不应该害怕失败而不做其他工作。

平和地对待每一个成败是每一位员工都应注意的问题。通常情况下,一个人取得一定的成绩,往往在很大程度上能给自己信心与继续挑战困难的勇气,随之而来的可能是更多的获得工作业绩的机会。但要知道,企业是属于公司里每个成员的,每个人都应该散发出这种激情。

当然,员工以成败考核自己是一件无可厚非的事情。但是，情绪化的员工势必会影响自己与公司之间的关系，甚至会导致关系恶化。通常，成败会导致员工待遇的不平等，机会享受的不公正，企业的人际关系会变得十分微妙，员工也从领导者的偏爱中学会了投其所好来加强个人的势力。结果，公司就变成了四分五裂的一盘散沙，企业的这股绳上结出了许多解不开的"死疙瘩"！

每一个员工都有自己的优点和缺点，员工应正确地看待自己的成败。如果某个员工业绩不太出众或犯过错误，自己要尽快调整，如果不调整不仅有碍于企业人际关系的和谐，而且对企业的发展同样有害。

失败同生老病死一样不可避免，但是，作为企业的员工必须正确地、客观地看待和处理自己的失败，这关系着企业未来的发展。员工犯下的错误固然是不可原谅的，但员工却不能从此以后就给自己定下"我只会犯错误"或"我根本无法办好此事"的结论。犯了错误的员工通常都有自知之明，员工在对自己行为检讨的同时也懊恼不已。员工失败后对自己的归类使员工自己的信心又遭受了一次打击，产生了极强的敌对抵触情绪，这显然会成为成功企业在安定团结方面的一种巨大的潜在危险。

闻过则改的建议：

　　人生中遇到挫折是必然的，正确面对挫折和失败需要一些方法，下面介绍面对失败常用的几个办法。

　　1.告诉自己失败并不可怕

　　其实失败并不可怕，而你在失败后不能冷静看问题，最终导致不断的失败那才最可怕。用内心的力量去呼唤自己，给自己信心和鼓励，让自己明白这次的失败并不代表自己终生的失败，只要现在努力起来，以后就不会失败了，必须从心底里战胜失败。

　　2.具体分析为何失败

　　失败肯定是有原因的，不然也不会有这样的结果。当自己失败之后应该冷静、客观地从事情的前前后后仔细地分析原因，找到失败的关键点，为何这个关键点会这么的致命而导致自己失败，一定要找到其中的缘由，让自己明白在这件事情上是人为的还是自然因素导致失败。再试着去找到一些方法克服这些关键点的问题。

　　3.寻找方法去弥补

　　有些失败是不能弥补的，但是绝大多数的失败是可以再次弥补回来的。就像爱迪生试验那么多次都失败了，但是他还是再想办法看能不能用别的东西来代替，最后终于发明了让大家看到光明的电灯。如果当时他不去寻找别的东西去试验，那也不会有现在这么大的成就，所以尽量去寻找方法弥补原来因为一点点过失造成的失败。

4. 总结失败

永远记着不论失败与否，你都应该用乐观的心态去对待。老天既然让你失败，那说明你还没有达到那个成功的标准，你需要继续地努力，需要继续地强化自己的羽翼，这样你才能够踏着失败的垫脚石走向成功。还有以后面对失败时，要在失败的中间去探索成功的模式，因为你不失败你也不会发现成功的路上需要注意这么多，所以永远记着失败并不可怕，害怕失败才最可怕。当然若失败已经发生，"对待失败的态度，不是淡然处之，而是记住"。

不要害怕失败，因为失败是家常便饭，怕的是因失败而失去斗志、失去再次接受挑战的勇气。内心存最好的希望，做最坏的准备。即使知道可能面对失败，但仍要奋力一搏，做好该做的准备，做最好的规划，这才是面对失败正确的态度。以下是面对失败的七个正确态度。

1.吸取教训

从失败中学习，从经验中吸取教训，从实务中成长。从失败的经验中吸取教训可以让你学得更快、更多。

失败并不是一个问题，只有当你无法从失败中吸取教训时，它才会变成一个问题。可以忘掉失败，不过要牢记失败中的教训。

2.从中学习

如果你可以从失败中学习，就不算是真正的失败。人生像攀登一座山，而找寻出路，却是一种学习的过程，我们应当在这过程中，学习稳定、冷静，学习如何从慌乱中找到生机。

你无法避免失败，但你可以从中学习。

3.勇敢面对

生命的本质是考验和学习，活着，唯一的出路就是勇敢地面对它们，勇敢地面对生活中的任何事就能活得精彩。

路是人走出来的，只有勇敢面对，才能开拓新的人生之路。

勇敢面对失败，不失去明天的希望，用信念改变命运，把每一刻当成最后一分钟，把抱怨的力气化为动力，坚持你的信念斗志，直到最后一刻。

4.认清失败是成功的必经之路

很多人告诉自己："我已经尝试过了，倒霉的是我失败了。"其实，他们并没有弄清楚失败的真正含义。

失败者总是把挫折当成失败，并让挫折深深打击追求胜利的勇气；成功者则是从不言败，在一次又一次的挫折面前，总是对自己说："我不是失败了，而是还没有成功，我还没有输！"

在成功之前总是要面对很多失败的，而当你把所有的失败都经历过了，剩下的就只有成功了！在人的一生当中，会遇到各种困难与挫折，但是如果你很想成功，就必须懂得和这些困难与挫折共处，因为它们是迈向成功大道的必经之路。

5.找出失败的原因

面对失败时，要找出失败的原因。失败并不可耻，但要避免犯相同的错误，如果你不能从失败中吸取教训,那么这次的失败经验对你来说将会变得毫无价值。

只有当你在经历过失败后，才能渐渐找出成功的方法。

"当你把所有该失败的都失败完了，最后就剩下成功了。"

如果你还年轻，别害怕失败，失败越多才能积累越多的经验，你应该把失败当成指引你成功的明灯。

6. 仍然满怀热情

经历了一连串的失败仍然充满着热情就是成功。

成功的人即使知道迈向成功的道路会充满阻碍与挫折，他们仍然勇敢地前进。一个人成功的原因有很多，其中一个关键因素便是对自己所做的事情怀抱极大的热情。

一个人满怀信心，朝自己的梦想前进，并努力活出自己想要的人生，就会获得意想不到的成功。

7. 坚持到底

面对别人的嘲弄，只要默默地坚持到底，换来的就是别人的羡慕。

坚持，就是将一种状态、一种心情、一种信念或是一种精神坚强而不动摇、坚定而不犹豫、坚韧而不妥协、坚毅而不屈服地进行到底。

成功的唯一秘诀：坚持到最后一分钟。

人生永远是掌握在自己的手中的，只要我们能不断地提升，完善自我，且拥有永不放弃、坚持到底的决心，最后都能使自己的人生显现闪亮的光芒，活出最出色的人生。

勇敢面对失败、面对失败时保持正确的态度，不但可以改变任何的不顺遂，更可以在下次的挑战中帮助你做得更好，让你更加成功。

不忠诚——不会感恩

　　成功时，感恩的理由固然能找到许多；失败时，不感恩的借口却只需一个。殊不知，失败或不幸时更应该感恩生活。

　　英国作家萨克雷说："生活是一面镜子，你对它笑，它就对你笑；你对它哭，它就对你哭。"你感恩生活，生活将赐予你灿烂的阳光；你不感恩，只知一味地怨天尤人，最终可能一无所有！

对公司培养和重用不领情

感恩既是一种良好的心态，又是一种可贵的奉献精神，当企业员工以一种感恩图报的心情工作时，就会更愉快、更出色地把工作做好。

感恩也是一种处世哲学，是生活中的大智慧。人生在世，不可能一帆风顺，种种失败、无奈都需要我们勇敢地面对、旷达地处理。这时，是一味地埋怨生活，消沉、萎靡不振，还是对生活满怀感恩，跌倒了再爬起来？

【小故事】

耐不住磨炼的王琦

某建筑工程公司的普通员工王琦，由于她勤奋和努力，被破例送往一所著名大学深造。毕业后王琦回到公司，在一个部门任副职。老板的意思是让她先锻炼一两年，有合适的机会就让她担任更重要的职位。可经过深造的王琦，心态发生了很大的变化，她认为自己现在是公司的精英，不应该担任副职，于是对公司的任命非常不满，经常消极地对待工作。这让老板很失望，打消了一两年后提拔她的想法。

现在王琦没有了任何升职的希望，甚至连现职都可能不保了。

这让王琦很后悔，她想到在上班报到前夕，父亲曾经告诫她的三句话："遇到一位好老板，要忠心为他工作；假设工作有很好的发展机会，那你的运气很好，要感恩惜福；如果薪水不理想，就要懂得跟在老板身边学功夫。"她说："我没有记住父亲的话，公司给我这么好的机会，我却不知道感恩惜福，最终害了自己。"

在日常工作生活中，许多人常常会对一个陌路人的点滴帮助感激不尽，却无视朝夕相处的老板和同事的种种恩惠，他们把公司、同事对自己的付出视为理所当然，还经常牢骚满腹、抱怨不断。这样一来，就难以称得上是一名忠诚敬业的员工！不懂感恩的员工，命运必将与上面故事中的王琦一样。

"我刚到这家公司时，只是一名毫无任何经验的普通职员，而在短短两年内我就晋升为总经理。这是因为我时常怀着一颗感恩的心，我感恩老板给予我的机会，我感恩同事对我的点滴关怀与帮助。'滴水之恩，当涌泉相报'，正是这种感恩之心，让我更加努力去工作，我要尽最大的努力来回报这一切。没想到，生活却给予了我更大的回报。"一位职场成功人士在分析自己为什么能够获得今天的成就时，是这样说的。

从这位成功人士的话语中，我们知道：只有一个懂得感恩的人，才能真正地全身心投入实际的工作中，并且把工作做好，从而获得成功。因此，身在职场中的职业人士，都应怀有感恩之心，因为公司为我们展示了一个广阔的发展空间，公司为我们提供了施展才华的舞台。所以，我们对公司为我们所付出的一切，都要心存感激，并力图回报。

其实，心怀感恩，回报公司对你的这些"付出"，只需要你做到一点——忠诚。

要对公司赋予你的工作充满激情，全心全意、不遗余力地为公司创造效益，完成公司分派的任务。同时注重提高效率，多替公司的发展设想。

必须一切从大局出发，以公司的利益为重。当你遭遇不公平待遇时，请相信这只是公司管理阶层的暂时失误，甚至是公司对你的检测和考验。当公司的某些制度和员工基本利益发生冲突时，你一定要正确理解这一切，充分相信公司的"智能"和"眼光"。甚至在公司面临暂时的经济困难时，你也要想方设法帮助公司渡过难关。感恩不仅对公司老板有益，对你自己也同样有益。通过感恩，你会发现，感恩是内心情感的自然流露，它使你更积极，更具活力。

所以，千万不要忽略你身边的人，你的老板、你的同事，你要亲口说出对他们的谢意，并用优异的工作成绩回报他们，这样不仅能得到他们更多的信任和支持，还能给公司带来更强大的凝聚力，于自己于公司都有益处，何乐而不为呢？

闻过则改的建议：

1.克服自私的心态，多站在别人的角度考虑问题

自私的人从来不会怀抱感恩的心情，不管别人为他做了多少，他也会认为是应该的，若别人稍有做得不好的地方，他便会指责、抱怨。所以，想要拥有感恩的心，必须先克服自私的心态，以一种将心比心的心态对待问题。

2.用具体的行动表现感恩的心

感恩不只是口头上的表述，而且是实际行动的真诚付出。尽职尽责地工作，实心实意地关心、帮助同事，让老板、同事亲身感受到你的感恩之情。

不讲感情

人总是要讲感情的，这感情可能是父子之情、母子之情、兄弟之情、兄妹之情、夫妻之情、朋友之情或是工作之情，无论哪一种感情都弥足珍贵。当你创业的时候，当你经营企业的时候，往往都需要这些感情联结起来的亲情、友情等的帮助。但是处理不好，这些亲情、友情等也会成为你经营企业的累赘。"世界上只有永恒的利益，没有永远的朋友。"这句话说起来冷酷，但是在大多数时候却是真理。经营企业的人，应该时刻铭记在心。

【小故事】

多行不义必自毙

在山西榆次，有个鼎泽洲环保产业有限公司（简称"鼎泽洲"），它生产的砖块成型机，在当地很有名。1999年，王永昌为公司招来了一个能人，叫作郭瑛。郭瑛以前做过销售，能说会道，深得王永昌欢心。郭瑛确实也很能干，能吃苦，会来事，在任鼎泽洲销售部经理的时候，很快就将鼎泽洲的产品推广到了全国。王永昌很庆幸自己慧眼识"忠臣",不但将自己的轿车让给了郭瑛开,而且还替他买了一套大房子。另外,除了拿销售提成,在王永昌的坚持下,公司还将郭瑛的年薪提高到了10万元,这在相对贫困的山西,简直是天价。王永昌待郭瑛不可谓不厚,投入不可谓不巨。而郭瑛投桃报李的结果是出走!1999年,当郭瑛感觉自己羽翼渐丰的时候,悄悄离开了鼎泽洲。

他想自立门户,自己做一番事业,而他做的事业是挖鼎泽洲的墙脚。然而,让郭瑛没有想到的是,这一行竟是如此之深,看起来简单的砖块成型机,做起来竟是异常复杂。最终,郭瑛以失败告终。走投无路之际,他只有再回头去央求原来的东家原谅自己,重新收留自己。而王永昌不仅不计前嫌,2000年10月,当重回鼎泽洲的郭瑛提出销售部经理的职位太低,与自己的能力不相称,想当公司副总时,王永昌二话没说,立刻就提请董事会进行了任命。王永昌的忠厚想法是人是讲感情的,死刑犯尚能被感化,何况是一个小小的郭瑛。

可惜王永昌想错了。掌握了大权的郭瑛开始静悄悄地对鼎泽洲进行"改造"。首先,在销售部排除异己,将销售人员全部换成自己的心腹,将公司广告上的销售电话换成自己的私人手机号码,把鼎泽洲的客户资源慢慢掌握在自己手里。当有人发觉郭瑛的"不轨"行为后，向王永昌告发，王永昌却说用人不疑，疑人不用，要支持郭总的工作。其次，他开始窥视企业的技术机密。郭瑛的第一次出走，自立山头，就是因为技术不过关而落败，现在王永昌不计前嫌，给了他一个公司副总的职位，这样的天赐良机，郭瑛岂能浪费！很快，作为鼎泽洲企业核心竞争力所在的技术部门就被安排上了郭瑛的"密探"。2001年10月，当王永昌出国考察，委托郭瑛全权主持公司工作时，郭瑛的技术"密探"开始发挥作用了。鼎泽洲的核心技术机密，连图纸带数据，被他的技术"密探"一扫而空。在郭瑛的指使下，这些"愿意跟着郭总走"的技术人员在拷贝完鼎泽洲的所有相关技术数据之后，还将这些技术数据从鼎泽洲技术部的计算机里删得一干二净。郭瑛这样做的意思很明确：以后砖块成型机这一块儿业务你王永昌别做了，有我郭瑛一个人玩儿就足够了。

　　郭瑛做完了这一切，在王永昌从国外考察回来的当天，他就向王永昌当面辞职。郭瑛离开鼎泽洲后，立刻注册了东方天宇环保科技有限公司，生产的产品除了名称有所改变，几乎就是鼎泽洲产品的翻版。在郭瑛公司的冲击下，既失去了独占技术，又几乎失去了所有客户资源的鼎泽洲一败涂地。一筹莫展的王永昌不得不向公安局报案。2002 年 1 月 25 日，郭瑛以涉嫌侵犯他人商业机密罪被捕。郭瑛得到了惩罚，王永昌和鼎泽洲也付出了沉重的代价。

在王永昌看来，人是有感情的，只要自己真心待人，真情付出，总是能够得到别人的相应回报，所谓"投之以木桃，报之以琼瑶"就是这样。他却没有想到，在这个世界上，经常发生的事却是"播下龙种，收获跳蚤"。如果不是盲目相信自己的感情投资，让这些所谓的感情投资冲昏了头脑，一个人如何能够在自己监控不到的情况下，将自己的企业全权托付给一个犯有"背叛"前科的人！

闻过则改的建议：

情感管理是职场管理者以真挚的情感，增强管理者与员工之间的情感联系和思想沟通，满足员工的心理需求，形成和谐融洽的工作氛围的一种现代企业管理方式。但情感管理确实比较复杂，尤其是"90 后"这代员工逐步走上岗位，具有复杂的心理状态，所以管理者要更加用心来管理员工的情感。下面的方法供管理者参考。

1. 体现尊重

尊重员工作为一种有效的零成本激励方式，是情感管理中最重要的部分，在现代管理中具有越来越重要的现实意义。现代企业管理理念认为：如果员工对领导过分依从，过分尊重，就会丧失应有的积极性和主动性。任何人都有被尊重的需要，员工一旦受到尊重，往往会产生比金钱激励大得多的效果。现在好多企业都在企业文化中强调"以人为本"，其实"以人为本"就是要把所有的人都视作公司大家庭中的一员，要公平地对待他们，要爱他们，要让员工感觉到被尊重。

2. 体现信任

"信任"是人才管理最基本的方法。只有信任才能取信人才，打消其顾虑，最大限度地发挥人才的主动性，甚至超水平地发挥才能。惠普公司不但以其卓越的业绩跨入全球百家大公司的行列，更以其对人的重视、尊重与信任的企业精神闻名于世。威廉·休利特是惠普公司的创始人之一，他这样总结惠普公司的精神："惠普之道，归根结底，就是尊重个人的诚实和正直。"惠普公司相信员工都想把工作做好、有所创造。只要给他们提供适当的环境，他们就能做得更好。

3.体现关心

关心员工的企业必将使员工满意度上升，工作热情提高，使员工安心地在企业内工作。但关心不是只做到表面上的，而是要真心真意地去关心员工，这是成功的管理者必须做到的。马狮集团是英国最大且盈利能力最高的百货零售集团，它致力于发展与员工的良好人际关系，经理人员必须了解员工的困难并做出反应，高层管理者应该知道员工工作环境和各项福利措施的优劣程度，更重要的是给员工提供学习、培训的机会，同时要给他们提供施展才能的舞台，这样既能使员工得到满足，又能保证企业获得所需的人才。

4.体现赏识

赏识能赋予人一种积极向上的力量，能从内心激发员工对事物的热情。因而，在人力资源管理过程中，要多选择适时地赏识员工。对于他们，管理者不应吝啬赞美的词语，应当自然大方地去赞美他们，哪怕只是一次小小的成功。

5.激励作用融入情感因素

在激励员工的各种方式中，物质激励是最常用的。但是随着员工受教育程度越来越高，物质激励就不能一成不变，只有充分把握员工的不同需求，选择员工感情上最愿意接受的方式进行奖励，才能让奖励的激励作用充分发挥出来。这就需要在物质激励的过程中融入情感因素。

当然，在开展员工情感管理中应该注意的事项很多，主要有：

1. 公平、公正

管理者不能不讲情，但也不能只讲情。只讲情的管理，容易使管理者丧失原则性，最后会导致混乱和矛盾，导致感情的涣散与破裂。

2. 情感管理要讲究度

情感本身属于感性的范畴，不能进行精确的量化，所以对度的把握就显得尤为重要。其中的尊重、信任、沟通和鼓励都应建立在员工对企业管理的尊重和贡献的基础上，如果这些因素过度，就会造成管理的失度。

3. 运用沟通技巧

表达情感的方式多种多样，重点在于管理者如何让员工感受到真诚的关怀，如何让表达情感的行为产生一定的影响与力量。例如：利用生日和节日之机表达情感就会产生加倍的效果；学会关心员工的家人，必会换来员工发自内心的感激；尊重员工的时间，可使员工感受到企业管理的关怀；经常到员工的工作场所去走一走，了解员工工作中的实际困难并加以解决，可使员工真正忠于和服从企业的管理。

缺少诚信

　　都说员工的诚信是立足社会的根本，也是员工在就业过程中的立身之道。然而，还是有些自认为聪明的员工会出于种种原因欺骗用人单位：或是为骗取培训机会，或是骑驴找马暗中多头择业，或是违背竞业禁止协议擅自跳槽。法律人士也提醒，员工就业过程中违背诚实信用原则，不仅会给用人单位造成损失，也会给自己带来不必要的麻烦，甚至还要承担相应的赔偿责任。

【小故事】

李开复的用人观

　　坚守诚信、正直的原则，是李开复非常强调的一个重要方面，李开复在苹果公司工作时，曾有一位刚被李开复提拔的经理，由于受到下属的批评，非常沮丧地要李开复再找一个人来接替他。

李开复问他："你认为你的长处是什么？"

他说："我自信自己是一个非常正直的人。"

李开复告诉他："当初我提拔你做经理，就是因为你是一个公正无私的人。管理经验和沟通能力是可以在日后工作中学习的，但一颗正直的心是无价的。"

李开复支持他继续干下去，并在管理和沟通技巧方面给予他很多指点和帮助。最终，他不负众望，成为一个出色的管理人才。现在，他已经是一个颇为成功的公司的首席技术官了。

与之相反，李开复曾面试过一位求职者。他在技术、管理方面都相当的出色。但是，在谈论之余，他表示，如果李开复录取他，他甚至可以把在原来公司工作时的一项发明带过来。随后他似乎觉察到这样说有些不妥，特作声明：那些工作是他在下班之后做的，他的老板并不知道。这一番谈话，对于李开复而言，不论他的能力和工作水平怎样，李开复都肯定不会录用他。原因是他缺乏最基本的处世准则和最起码的职业道德："诚实"和"讲信用"。如果雇用这样的人，谁能保证他不会在这里工作一段时间后，把在这里获得的成果也当作所谓的"业余之作"，也变成向其他公司讨好的"贡品"呢？

这说明：一个人品不完善的人是不可能成为一个真正有所作为的人的。

在经济快速发展的今天，人才的高速流动正给国内很多企业带来这样的困惑，当跳槽成为这个社会的普遍现象时，当道德的约束力弱于经济的诱惑时，单个的"诚信的危机"就不可避免地产生了。单个的诚信问题带来了一系列的诚信链条反应，从而产生社会的诚信问题，而这如今已经成为阻碍许多企业持续发展的因素之一。

闻过则改的建议：

员工是企业的主体，其诚信度直接关系到企业所生产的产品质量、服务水平质量甚至企业的生存和持续发展。因此，加强员工的诚信建设将会在很大程度上决定企业的命运。为了解决企业员工在诚信方面存在的问题，企业需要对员工进行诚信教育，建立合理的监督、激励机制，引导员工更好地诚信工作，从而增强企业的竞争力，促进企业可持续发展。做好员工诚信建设工作，应重点从以下几个方面着手。

1.加强员工诚信教育培训

企业提高员工诚信度最根本的方式是进行不间

断教育，通过提升员工的个人素质来达到企业要求。企业培训主要包括技能培训和企业文化培训。企业文化是企业的灵魂所在，需要员工在工作中不断揣摩和领会，使其成为自己价值观的一部分。在诚信教育方面，很多企业已经把"诚信"二字写进了企业文化之中，现在要做的就是让员工，尤其是新员工对此产生认同感，树立员工的自觉意识，将诚实工作视作每个人都应遵守的准则，这样既能达到自我约束的目的，又能起到相互监督的作用。

2. 建立严格的监督机制

如果说企业文化是培育诚信员工的软件，那么建立监督和激励机制就是必不可少的硬件。必须不断完善企业的诚信制度，为培养和增强企业员工诚信意识创造必要条件。企业员工诚信意识能否增强，在很大程度上取决于企业诚信制度的完善程度。加强和完善企业诚信制度，把企业员工的工作行为纳入诚信规范之内，这样就能使员工养成诚信的习惯，从而培养起企业员工的诚信意识。对于员工而言，诚信工作的理念不仅仅要从思想上予以重视，更要从行动上予以规范。企业作为一个完善的社会组织，仅靠个人的自觉性难以做到有效统一，要建立合理的运作机制并严格加以执行，从而使管理的标准更加具有可操作性。

3. 健全诚信建设核心价值观体系

企业首先要明确各个层面诚信建设工作的职责和内容，并从不断提升管理的角度出发，明确企业员工诚信建设的总体规划，从而制订统一的诚信建设核心价值观体系、员工行为规范等。同时，认真做好诚信建设核心价值观和员工行为规范的宣贯工作，把员工诚信建设与企业核心业务紧密结合，引导员工践行诚信职业道德行为规范。企业要健全制度体系，创新建设载体，着力进行员工诚信建设的实践。同时，企业应建立健全员工诚信建设工作机制，加强领导，明确责任，协调配合，齐抓共管。通过评估、考核、修正和推进工作，把员工诚信建设和业务管理工作紧紧联系起来，整体推进，共建共享。

4. 建立合理的激励机制

员工的工作热情需要不断被激励，最强烈的激励来自企业内部，因而为了让诚信观念切实地扎根在员工心中，企业还必须辅之以合理的激励机制，不断激发员工积极向上的精神。激励的方式有正反馈和负反馈之分。正反馈是指对员工的符合企业未来发展的行为予以肯定和鼓励，以增强他们的自信心，并督促员工沿着正确的方向继续努力。负反馈是指管理者对员工的不适当行为及时予以制止，纠正其错误。在企业中，业绩好的员工通常会得到奖励，而业绩不佳的员工往往什么也得不到或者会受到处罚。但是，员工业绩高低不能等同于诚信与否。一个踏踏实实勤奋工作的员工或许业绩不是最高的，但是他的行为有利于企业实现长远目标，管理者也应该予以充分肯定。而如果有的员工为了追求业绩不择手段，违背社会道德和企业理念，那么，其业绩再优秀，企业也不能鼓励这种行为继续存在下去。因此，企业要想真正做得长久，就必须改变单纯以业绩为标准进行奖励的方式，对诚信工作的员工也要有所激励。

看不起自己所做的工作

今天，大多数人都在从事着一份非常普通的工作，一是通过工作获取生存的报酬，二是通过工作实现自己活着的价值，但现在身边有一些人认为自己所从事的工作是低人一等的。他们身在其中，却无法认识其价值，自认只是迫于生活的压力而劳动。他们轻视自己所从事的工作，自然无法全身心投入。他们在工作中敷衍、得过且过，将大部分心思用在如何摆脱现在的工作上，这样的人在任何地方都是不会有所成就的。这对自己工作所带来的心态变化也是极其有害的，例如认为工作是一件痛苦的事情。大家想想，若现在在做的工作是痛苦的，怎么会产生一个非常好的工作绩效呢？时间一长，自然会让身边的同事和单位领导感到不满。

也许某些行业中的某些工作看起来并不高雅，工作环境也很差，被社会大众的认可度相对比较低，例如建筑行业的现场工作人员、城市清洁工、民政部门的殡仪馆等岗位的工作人员，社会上的人对他们可能会有一些偏见，但事实是社会很需要他们的服务，有用才是伟大的真正尺度。你既然已经从事了这个岗位，社会确实存在一定的偏见，再加上你自己也看不起自己，这确实是一件非常麻烦的事情，还不如自己珍惜自己，把眼前的工作做好，把工作做好，同样会获得社会的尊敬。

【小故事】

在自己蔑视的工作中持续

袁丹是浙江某建筑企业的一名机械修理工。从进公司的第一天起，他就从没有看得起过自己所从事的工作，整天不是幻想着干一份体面的工作，就是喋喋不休地抱怨。他总是跟别人唠叨"修理这活太脏了，瞧瞧我身上弄的""真累呀，这简直不是人干的工作"，或者"凭我的本事，干修理工太丢人了"，却从来没有想过要另找一份工作或把这份工作做好。

每天，他都是在抱怨和不满中度过。他觉得自己忍受着煎熬，像奴隶一样在做苦力。因此，他每时每刻都窥视着主管的眼神、举动，稍有机会，他便偷奸耍滑，敷衍手中的工作。

几年过去了，当时与袁丹一同进厂的那一批工友，都凭着自己的努力，或被提升，或被公司保送进大学深造，唯独袁丹，仍旧在不断的抱怨声中，做着他蔑视的修理工作。

任何一个初涉职场的人都会有这样一种心理，希望能尽快做出成绩，得到老板的重用和同事的认同。于是，他们常常急于去做一些重要的工作，来证明自己的价值。但现实情况往往不尽如人意，毕竟作为一名新员工，在老板还没有了解你的时候，他是不会放心把重要任务交给你去完成的。

因此，新员工刚进公司时，往往会被安排去做一些平凡的工作，一些比较琐碎的事情。不要觉得老板交给你平凡的任务，是不重视你，甚至是瞧不起你。其实，很多时候，老板让你做的每一项工作，都是有目的的，特别是对于刚进公司的新员工，老板往往从你对待平凡工作的态度、执行的过程和结果，对你做出评判，给你打分，把你划分到不同的员工类型中去。如果你毫无怨言，踏实勤奋，说明你是一个敬业的员工；如果你又快又好地完成工作，说明你工作能力强，有潜力，能力强又敬业的员工每个老板都会赏识，你在以后的日子里一定会在适当的时候得到重要的职位。反之，如果你不停地抱怨，消极地敷衍，你就会被认为是一个不值得培养的员工，即使老板没有当面批评你，也会暗暗将你打入"冷宫"，那些升迁的机会和重要的职位将永远与你无缘。

不要慢待自己所做的任何一项工作，即便是最平凡的工作，也值得你去做，值得你全力以赴，尽职尽责，认真地完成。小任务顺利完成，有利于你对大任务的成功把握。一步一个脚印地向卓越攀登，便不会轻易跌倒。全身心地投入，认真勤奋地工作，你就不会再有劳碌辛苦的感觉，而获得老板重视的秘诀，也就在其中。

其实，看似平凡的工作，往往蕴藏着非常宝贵的学习机会。你可以利用这个机会把所学的知识与具体实践相结合，探究技巧，弥补不足，积累经验。所以，刚进公司的新员工，在被安排去完成一些平凡的工作时，不应该消极抱怨，而应该把它看作一条出路，只有把平凡的工作完成得完美无瑕，才会为以后的成功打下良好的基础，并获得上司的重视，才有资本做好重要的事情。如果不重视平凡的任务，敷衍了事，自然不会做好，这样既不会实现自己的初衷——让老板分配给你一些重要的事情，还会给别人留下不负责任的印象。

那些慢待平凡工作的人，都是对平凡的工作缺乏正确的认识，才导致了最后的失败。作为一个刚进公司的新员工，应该学会正确地看待平凡的工作，并努力去做好它，只有这样你才能更快地成长进步。

闻过则改的建议：

一个人连自己都轻视自己的工作，将它当成低贱的事情，那么他决不会尊重自己。因为他看不起自己的工作，所以倍感工作艰辛、烦闷，当然不会做好工作。改正这个错误的想法有下面几个方法供你参考：

1.尊重自己的工作

现在的社会是靠本事吃饭，靠自己的付出吃饭，所以任何合法的工作没有贵贱之分，但是对于工作的态度却有好坏之别。看一个人是否能做好事情，只要看他对待工作的态度。而一个人的工作态度，又与他本人的性情、才能有着密切的关系。一个人所做的工作，是他人生态度的表现，一生的职业，就是他志向的表示、理想的所在。因此，首先要尊重自己的工作。不尊重自己的工作，不把工作看成创造一番事业的必由之路和发展人格的工具，而视其为衣食住行的供给者，认为工作是生活的代价，是无可奈何、不可避免的劳碌，这是多么错误的观念啊！

2.我是一个有用之才

不是有句话：天生我材必有用。懒懒散散只会给我们带来巨大的不幸。有些年轻人用自己的天赋来创造美好的事物，为社会做出了贡献；另外有些人没有生活目标，缩手缩脚，浪费了天生的资质，到了晚年只能苟延残喘。本来可以创造辉煌的人生，结果却与成功失之交臂，这不能不说是一个巨大的遗憾。一个农夫，既有可能成为华盛顿这样伟大的人物，也可能终日面朝黄土背朝天，一直到老。

所有正当合法的工作都是值得尊敬的。只要你诚实地劳动和创造，没有人能够贬低你的价值，关键在于你如何看待自己的工作。那些只知道要求高薪，却不知道自己应该承担责任的人，无论对自己，还是对老板，都是没有价值的。

3.学会忍耐

从事一项普通的工作确实需要足够的耐心，其实每个人都一样，在一定时候会出现一个职业倦怠期，像当老师的抱怨没有比当老师更乏味的，年复一年一个样；像当医生的抱怨每天面对同样的病人，当医生没有意思。这样说来，哪个行业不是永远的重复，所以要坚持做下去，把平凡的事情做到极致，是很不容易的。

那些看不起自己工作的人，实际上是人生的懦夫。当人们害怕接受挑战时，就会找出许多借口，久而久之就变得看不起自己的工作了。